THIS IS WHY YOU DREAM

What Your Sleeping Brain
Reveals About Your Waking Life

我們為何會做夢

睡夢中的大腦如何激發創造力，
以及更好地改善清醒時的生活

Rahul Jandial
拉胡爾‧詹迪爾

張嘉倫——譯

獻給父親，

他教我如何思考。

CONTENTS

目
錄

引言

每晚的奇蹟

　　終其一生，我均致力於人腦研究。身為受過雙重訓練的醫學哲學博士、神經外科醫師暨神經科學家，我不僅為罹患癌症和其他疾病的患者進行手術，同時也執掌一間研究實驗室。當一個人窮盡畢生的時間在治療和研究大腦，不可能不對它心存敬畏。越是認識大腦，我便越感好奇，甚至著迷不已。

　　大腦擁有數十億神經元，而神經元彼此之間還有數兆條連結，使其成為無比複雜的結構。但在不斷深入探究大腦的歷程中，我格外受到一項心智特徵的吸引：做夢。**人為何會做夢？我們如何做夢？**關於這些基本問題，我多年來一直竭力尋求解答。還有，也許是最為重要的提問：**夢代表了什麼？**在這一點上，我並不寂寞。

　　長久以來，夢一直是神祕的泉源。從古埃及人和希臘哲學家亞里斯多德，到英國文學作家查爾斯・狄更斯和美國作家暨詩人瑪雅・安傑洛（Maya Angelou）；從導演克里斯多福・諾蘭和民運領袖尼爾森・曼德拉，到遭到槍殺的布魯克林嘻哈歌手聲名狼藉先生（Notorious B.I.G.），夢吸引了人類思想家的注意，啟迪了發明和藝術、醫學和心理學、宗教和哲學。夢被視為預兆，來自神靈或人類潛意識、靈魂和自我，或天使和魔鬼的訊息。它們改變了個人生活的進程和世界的發展，促成了求婚和商業交易，啟發詞曲創作和科學突破，也引發軍事入侵和精神崩潰。

夢如此真實，卻又如此不真實；它既引人入勝、啟發人心，卻又令人恐懼、撩撥人的慾望。**人既是夢的創造者，亦是自身奇特產物無助的參與者。**夢源於我們，但似乎又與我們有別；它像是我們構築出的家庭電影，不遵循時間或自然法則，既親密卻又不受我們控制。

正如英國詩人拜倫勳爵（Lord Byron）所寫：

[⋯⋯] 睡眠自成一個國度，
擁有無垠的狂野現實，
夢境的發展如同生命，
有呼吸、有淚水、有折磨、也有喜悅的感動；
夢在清醒的思緒中留下沉重印記，
卻又減輕我們清醒時的重負。[1]

夢境常常是條理不清，且不合邏輯。正因如此，對我們而言，也許難以理解夢裡那些虛構的眼淚、折磨和歡笑，為何能揭露關於個人的諸多資訊。然而，隨著時間推移，**夢其實清楚地描繪了我們對自己和世界的看法，揭示了我們的本質、興趣和最深切的疑慮。**我們塑造出獨一無二的夢境，而夢境也反映出我們獨特的真實自我。

夢的產生儘管看似神祕，但追根究柢來說並非如此。大腦隨著電流活動產生迴響，人活著的每一刻，腦內都有一波波電流不停在發送。夢是正常的腦電生理的產物，是我們每晚入眠時發生在腦裡的非凡變化，遵循著掌控所有生物晝夜節律（circadian rhythm）的生理時鐘。

儘管夢只在我們睡著時發生或缺乏邏輯，無法引導人清醒時的思維，但其重要性不容輕忽。夢是另一種思考形式，正因夢境狂野不羈，因此具有巨大變革的潛力。夢中自然產生的發散性思考（divergent thinking）激發了藝術、設計和時尚等創作領域的大躍進，此種思維方式對人類文化、語言和創造力的影響，使我們今日的發展遠遠超越了僅靠身體進化所能達到的範疇，而夢正是一切的核心。

時至今日，「（做）夢」一詞指涉諸多事物：野心、理想、幻想和睡眠中產生的生動故事。越來越多神經科學研究顯示，夢寐與清醒之間，有時界線十分模糊。夢可以幫助我們解決問題，學習樂器、語言或舞步，練習一項運動，提供關於自身健康的線索，並預測未來。夢能豐富精神內在。就算是被遺忘的夢境，依然能形塑我們的思想，並影響我們的一天。你可以學習記住自己的夢境、預先準備其內容，甚至在做清明夢（lucid dreaming）時控制夢境。最重要的是，**夢賦予了我們最棒的禮物 —— 自我認識。解讀自己的夢境，讓我們能深入理解自身的經歷，並以全新且深刻的方式探索自己的內心世界。**

　　夢是一種難以捉摸的認知形式，因為做夢是獨自的體驗，與外界隔絕，是只有一個觀眾的主觀經歷。所以，夢境的諸多內容也難以用實驗測試，或超出科學證明的範疇。我在本書中，竭盡所能地涵蓋了夢境和做夢相關的最新研究現況及廣泛知識，同時也指出了研究中的不確定性和各方研究者之間的分歧。此外，我亦根據最新研究和自己對大腦的了解，發展出一套理論，並納入書中。大體而言，本書是我綜合不同學科所彙整的資訊，是歷經極大努力的心血結晶，同時也令我更加謙卑。

　　進入正題前，請先試想夢的魔力。我們在做夢時，超脫了肉體，不再意識到自己躺在床上，甚至根本不覺得自己躺著。我們閉著眼但卻看得見；我們的身體靜止，但在夢中能走路、跑步、開車、飛翔；我們沒有開口，但能與認識和所愛之人對話，無論他們是存是歿；我們還能與素未謀面的人交流。我們存在於當下，但又能回到過去，或前往未來。我們雖身處於一地，但又能瞬間移動到多年未曾去過的地方，或想像中絕無僅有的世界。睡夢中的我們身在自己一手打造的國度，而夢境具有超越一切的潛力。夢是每晚在我們腦海發生的奇蹟。

chapter 01

演化而來的做夢能力

　　我在手術室進行清醒開顱手術時，會使用像筆一樣的設備，直接以微電流刺激測試患者的大腦。那暴露在外、皺摺起伏的大腦表面閃爍著乳白色的微光，布滿了動脈與靜脈。而患者意識清醒、機敏，但感覺不到疼痛，因為腦部沒有痛覺受器，但會對電流刺激產生反應。每個人的大腦都是獨一無二的，有些區域一旦被觸碰，就會受到刺激活化。有時，我觸碰一處，患者會說出童年記憶；刺激另一處時，患者會聞到檸檬的味道；再碰另一處，患者也許會感到悲傷、尷尬，甚至是慾望。

　　清醒開顱手術的目的，是為了找出不受微電流影響的精確位置，如此一來，我便可從此處安全地下刀，切開表面組織以觸及下方的腫瘤。若微電流刺激未產生任何反應，我便清楚割除此處不會造成任何功能受損。

　　進行清醒開顱手術時，我以幾毫米的距離有條不紊地逐一刺激患者腦部最外層的大腦皮質（cerebral cortex），這會為患者帶來奇異且深刻的體驗，有時感覺甚至強烈到患者要求我停手，此時，我便必須暫停手術。儘管大腦皮質只有薄薄一層，厚度不超過六毫米，卻主導了我們大半的個人能力，包含語言、感知、記憶和思想。那嘶嘶作響、微弱的電流，能引發患者各種反應，例如聽見聲音、回憶起創傷事件、體驗深刻的情感 —— 甚至做夢。

　　事實上，惡夢可透過電刺激（electrical stimulation）誘發，只要將電極探頭從大腦表面某個隆起處移開，惡夢就會終止；一旦用電極刺激同一處，惡夢就會再度出現。現今認為，反覆出現的惡夢是自行維持的神經元電活動循環，重現我們恐懼的經歷。

　　無庸置疑地，我的專業回答了人類其中一項最原始的疑問：夢從何而來？對此，我可以斷言，**夢境源自於我們的大腦，尤其是腦部的電活動（electrical activity）**。

　　從古至今，夢真正的起源一直令人困惑，我們也缺乏基本的了解。在人類歷史的長河中，夢多半意味著來自神靈、魔鬼或祖先的訊息，或是靈魂夜半出竅所搜集到的資訊。我們頭顱內看似毫無活動的一坨組織，是人最難以想像的夢的來源。大家普遍認為，人入睡時，頭腦處於休眠狀態，只是被動的容器，因此，夢不可能是睡眠的產物。怎麼可能是呢？我們的大腦與外界的訊號隔絕，在此情況下，它如何能成為這種夜間奇觀的來源？夢的起源肯定來自這比我們自己更偉大、超然的力量。

當然，現今已知，所有意識都源於腦電活動，包含做夢在內。事實證明，**做夢的腦和清醒的腦一樣活躍**。而且，部分睡眠階段所測到的腦電強度和模式，看來與我們清醒時幾乎並無二致。此外，人在做夢時，某些腦部區域消耗的能量可能超過清醒時，尤其是情緒和視覺中樞。我們清醒時，大腦通常會將情緒和邊緣系統（與情緒、本能、學習記憶有關的大腦區塊）的代謝活動上調或下調3%至4%，但做夢時的腦可將邊緣系統的代謝活動提高至15%，十分驚人。這表示做夢時，可達到人清醒時生理上難以達到的情緒強度。換言之，**你在做夢時，最是「生氣勃勃」**。

人在做夢時，大腦活動十分活躍，我們視線清晰、感受深刻，還能自由移動。夢之所以對我們影響深重，是因為我們將夢境的體驗視為真實。從生理上而言，我們在夢裡感受到的快樂與清醒時無異，恐怖、沮喪、性興奮、憤怒和懼怕等情緒亦是如此。同理，我們在夢中的身體經歷感覺也很真實。在夢裡奔跑時，運動皮質（motor cortex）會被啟動，與我們真正在跑步時所使用的腦部區域相同；當我們在夢裡感受到愛撫，就如同人在清醒時一樣，感覺皮質（sensory cortex）會受到刺激；回想自己過往住處的回憶，會使負責視覺感知的枕葉被活化。

有些人聲稱，他們從不做夢。但實際上，幾乎人人都會做夢，只是並不是每個人都會記得自己的夢。**人做夢並非出於選擇，而是生存**

所需。我們睡眠不足時，入睡後最先發生的事就是做夢；倘若睡眠充
足，但做夢不足，一睡著後也會立刻開始做夢。即便無法入睡，人也
會產生生動的夢。世上有一種罕見且致命的遺傳疾病，名為「致死性
家族失眠症」（Fatal Familial Insomnia），罹患此疾的患者幾乎無法
睡眠，但對他們而言，做夢的需求十分強烈，以致於白天會出現做夢
般的狀態。**做夢對人類而言不可或缺。**

　　過去數十年來，關於夢的研究多半著眼於特定的睡眠階段，即快
速動眼期（rapid eye movement，REM）睡眠。研究人員歸納的結論
是，我們每晚大約會花兩小時做夢。換算下來，這表示人的一生中，
約有十二分之一的時間沉浸在夢中，相當於我們每年有一個月的時間
在做夢。夢顯然在我們生活中佔據了重要的地位和時間。而且，這個
數據也許大大受到低估。睡眠實驗室的研究者在整晚不同時間點喚醒
受試者，而不限於快速動眼睡眠期間；結果發現，**人在任何睡眠階段
都可能會做夢，這意味著我們一生中，也許有近三分之一的時間都在
做夢。**

　　現今，睡眠對健康的重要性受到高度關注，但這些研究發現讓我
不禁心想：**也許我們真正需要的不是睡眠，而是夢。**

是什麼造就了做夢的大腦？

夢是一種心理活動，但它們無需外部刺激，不經由視覺、聲音、氣味或觸覺引發，而是毫不費力、自然而然地形成。為了理解夢如何產生，我們得近距離檢視大腦，從思想意識的基礎 —— 神經元開始談起。

神經元在大腦中以電的形式傳遞訊號，相互連結，並產生所有思想。人在做夢時，整體神經元每秒共同發射數千次訊號。然而，單一神經元非常脆弱，因此必須存在於腦脊髓液中，以獲得保護；此外，腦脊髓液也可以導電，還富含營養物質和離子，使神經元成為能隨時放電的活電池。

在我的實驗室和全球其他實驗室裡，可將腦組織分割至單細胞或單一神經元進行研究。培養皿中的單一神經元雖是活體，但沒有反應。然而，若我們加入其他的神經元，情況便大為改觀。細胞會自行合併，還會進行其他令人驚奇的活動。神經元會開始彼此傳遞極小的電荷，細胞群也變得帶電。令人意外的是，**神經元完全無需任何刺激或誘導，它們並未受到任何外部刺激，卻透過電流來流通訊息**。如此驚人的相互作用，稱為無刺激電活動（stimulus-independent electrical activity）。

整個大腦內也是相同情況。腦部涵蓋了一千億個神經元和一千億個支持細胞，它們不會坐等外界的刺激或誘導。即使缺少刺激，它們也會自行在腦內產生一波波的電活動，這就是所謂的無刺激認知（stimulus-independent cognition），也是人即便與外界隔絕也能萌生思想的原因。我們在做夢時發生的情況正是如此，大腦並未受到任何外部刺激，但依然活躍。話雖如此，想要體驗狂野且敘事視覺化的夢境，必須滿足三個條件。

首先，是全身放鬆如「癱瘓」狀態。人體會釋放兩種神經傳遞物質，一是甘胺酸（glycine），另一是 γ - 胺基丁酸（gamma-aminobutyric acid，GABA），兩者可以有效抑制運動神經元（即脊髓中啟動肌肉的特定細胞）。限制身體行動可以保護我們不受夢境擾動而誤傷自己，讓人能安全地做夢。否則，我們就會在夢中付諸行動。

再者，是大腦的執行網絡（Executive Network）必須暫時關閉。執行網絡由大腦兩側的結構組成，共同啟動並負責邏輯、秩序和現實驗證（reality testing）等工作。執行網絡關閉時，我們就能忽略時間、空間和理性等常規。由於暫時拋開了理性和邏輯，我們亦可毫不懷疑地接受夢中各種異想的情節。正因如此，夢才會這麼有力又獨一無二。

第三，我們的注意力轉向內在。此種情況發生時，腦內分散各處且不同的部分會被啟動，統稱「預設模式網絡」（Default Mode Network，DMN）。預設模式網絡一詞其實有點誤導，因為它絕非被動的預設。預設模式網絡因為與想像力思考之間存在關聯，目前科學界已有部分人士使用「想像力網絡」（Imagination Network）稱之。

因此，本書涉及腦部這些相關區域時，也會使用此稱。

當我們醒著，但大腦未從事任何活動或任務時，它並不是一片空白，不像電腦閃爍著光標在等待命令一樣。反之，大腦會自然而然地從執行網絡轉向想像力網絡，將我們的注意力從外在轉向內在聚焦。想像力網絡啟動時，思緒可以漫遊，如此漫無目的的漫想常會帶來意想不到的見解。**當外界沒有值得我們注意的事情時，構成想像力網絡的腦部區域就會成為主軸。**

日常生活中，執行網絡和想像力網絡基本上輪流佔據主導地位。現在，當你在閱讀這些文字時，執行網絡正在運作，但想像力網絡也不是無所事事，它等著要加入，等待著執行網絡從事任務時的空檔。一旦出現空檔，我們的注意力便會轉往內在，想像力網絡開始運轉。當想像力網絡處於活動狀態，並處於認知階層的最高位時，就會在我們的記憶中尋找鬆散的關聯，搜尋由最細微的蛛絲馬跡所串連的特殊連結，並設想、模擬可能的情境。這些假設情況也許太過異想天開或遙不可及，因此，執行網絡啟動時，我們的理性腦也許會立即將其排除在外。然而，多虧了想像力網絡，使我們做夢的腦能無拘無束、漫無邊際，清醒時的腦則有別於此，而且永遠不會如此運作。

想像力網絡對於夢的體驗至關重要，它讓我們無須接收外界的視覺資訊，就能「看見」景象。有時就算用強光照射做夢者的眼睛，他們也會視而不見。人在做夢時，猶如在一片漆黑的劇院裡放映電影，古希臘人將做夢的經歷描述為「看見」一個夢，而不是「做了」一個夢，原因無疑是如此。

　　想像力網絡啟動時，自發性的想法就會浮現。如同前述培養皿中聚集的神經元，即便沒有任何外部刺激，也能透過電活動而活化；做夢的腦也是如此，即便與周遭世界隔絕，也充斥著電活動而十分活躍。正因如此，**想像力網絡又被稱為大腦的暗黑能量，因為它可以無中生有、憑空創造故事。**

　　哈佛醫學院精神病學教授愛德華・法蘭茲・佩斯－蕭特（Edward F. Pace-Schott）形容想像力網絡是一種真正的敘事本能，因為它能將記憶、人物、知識和情感編織成連貫的故事[1]，使這些無中生有、漫無邊際的故事被賦予意義。面對現實的落差時，人腦會創造出貫串的敘事來填補空白。患有特定類型的部分失憶症患者，也會做同樣的事。被問及記憶出現空白的問題時，他們不會說自己不記得，而是隨意編纂一些資訊；阿茲海默症患者有時也是如此。

　　夢的敘事由想像力網絡驅動，且流動自如。儘管我們創造了夢，卻鮮少能透過意志控制夢的走向。從此方面來看，我們更像是主演，而非導演。不過，這與處於解離狀態、漂浮於夢境敘事之上或脫離夢境敘事，不該混為一談；**反而更像是坐在我們無法掌控的汽車駕駛座上，我們仍是夢中的主角，完全沉浸於夢境體驗，只是無法有意識地引導夢的走向。**

　　我們做夢時，完全身處夢中，並與夢境中其他角色有所區別。夢裡的自我具有實體存在，但這不代表夢中的身體等同於清醒時的身體。我們做夢時的身體可能更年輕或年長，甚至也許是不同性別。雖然夢裡所有人物都是我們想像的產物，我們在夢中依然感覺與他人有別且獨一無二。

在夢裡，我們會隨著迥然各異的記憶編排敘事，而夢中的自我會做出行動和反應。睡夢中的這番演出可不容易，我們的反應方式也許與清醒時截然不同，我們可能更強大或更弱小、更堅定或更被動。也因此，**我們不僅擁有清醒的自我，還有一個或多個夢裡的自我。**

說到此，做夢的大腦究竟有多獨特？畢竟，我們也會做白日夢。而且，如同做夢，我們做白日夢時也能想像虛構的情境，思緒亦可以在不同主題之間切換，也可以跨越時空。儘管如此，白日夢依然與睡夢大不相同。白日夢屬於導向性思考（directed thought，具有特定目標的思考方式），例如：如果能去夏威夷度假，那該多好？如果我辭職的話會怎麼樣？

既然如此，那迷幻藥呢？大家不是經常形容它們會帶來如夢似幻的體驗？可是，使用迷幻藥依然有別於做夢。使用迷幻藥時，想像力網絡其實較不活躍，不同於做夢時處於高度活躍的狀態。而且，迷幻藥與夢境體驗的差別在於，做夢的人是夢裡敘事的中心人物，但迷幻藥卻會讓人處於出竅或解離的狀態。

硬要說的話，人清醒時唯一與做夢有部分重疊之處，約莫是心神漫遊（mind wandering）的狀態。思緒游移時，各種想法會接連浮現，不針對任何特定的任務或目標，此時我們的思考並未指向任何事物。然而，心神漫遊和做夢雖然同樣不具目的或導向，但依然有所分別。思緒漫遊時，多半仍受到執行網絡的約束，游離的心智雖有一定程度的自由，但仍未及做夢的心智那般無拘無束。**夢境自由、不受限制的本質，讓我們在睡夢中能前往清醒時不可能到達之處。**

● 夢也有規則

　　夢如此狂野且不受控制，有著不真實的情況、不合理的時空跳躍，即便如此，夢依然有極限 —— 即使是夢，也有規則。想像力網絡雖釋放了做夢的心智，**但夢境並非無限地天馬行空，也絕非隨機。**當你從一個做夢者擴大至一萬個做夢者，從一個夢到從古至今、成千上萬個夢境記述和描述來看，夢就出現了輪廓。例如：現代生活方式相較從前雖然歷經了巨大變遷，但從千年到千年，一代又一代，古往今來，夢的內容幾乎變化不大。**如今諸多常見的夢境，其實無異於法老時代埃及人或凱撒時代羅馬人的夢。**中國 1800 多年前就有關於睡眠障礙的記載，其中包括夢見飛行、夢見墜落、夜驚等，聽來是否有點耳熟？

　　1950 年代針對日本和美國大學生進行的問卷調查顯示，所有人的夢境有多麼雷同。兩國學生被問及「你曾經夢到過⋯⋯嗎？」的問題，答案列出了從游泳、裸體到被活埋等一連串可能的內容。結果，相隔地球兩端的學子們，答案竟驚人地相似。

日本學生前五大常見的夢境是：

1. 受到攻擊或追趕。

2. 墜落。

3. 不斷重複嘗試做某件事。

4. 學校、老師、學習。

5. 嚇得動彈不得。

美國學生排名前五的夢境是：

1. 墜落。

2. 受到攻擊或追趕。

3. 不斷重複嘗試做某件事。

4. 學校、老師、學習。

5. 性經驗（性經驗在日本學生調查中排名第六）。

五十年後，中國和德國學生也接受了類似的問卷調查，他們的答案也驚人地相似。

中國學生排名前五的夢境是：

1. 學校、老師、學習。

2. 受到追趕或追捕。

3. 墜落。

4. 太晚到，例如：錯過火車。

5. 考試不及格。

德國學生的前五名則是：

1. 學校、老師、學習。

2. 受到追趕或追捕。

3. 性經驗。

4. 墜落。

5. 太晚到，例如：錯過火車。

相隔半世紀、四個不同國家進行的夢境調查，為何結果如此相似？這或許與日常經驗有關。畢竟，美國、日本、德國和中國都是現代化的工業社會，這些學生也許因為生活方式類似，所以連夢境都十分雷同。如此說來，若是生活於原住民文化的人，其夢境內容會有所差異嗎？

1960和1970年代時，人類學家決定找出答案。他們收集了澳洲伊爾尤倫（Yir Yoront）、墨西哥薩波特克（Zapotec）和巴西喜拿庫（Mehinaku）等原住民族的夢境報告。研究者將這些原住民族與美國人的夢境進行了特徵上的比較，聚焦攻擊行為、性和被動狀態等主題。結果發現，**原住民傳統文化和美國人在生活經驗上儘管天差地別，但夢境內容卻超越了文化差異，相似度極高。**

例如：來自傳統社會和美國人的夢境報告都發現，男性更可能夢見其他男性，而女性夢見男女性的比例則較為平均。兩種文化中的男性和女性均較可能成為攻擊的受害者，而非攻擊者；而且，關於性的夢不到10%，又是另一個相似之處。

無論我們講何種語言、生活在都市或鄉村，無論是已開發或開發中國家、個人的財富或地位，世界各地的夢境內容都十分類似。既然無論什麼時代或地區，人們的夢境都如此趨近一致，我們似乎可以合理推論：**夢的特徵和內容其實深植於我們的基因，是神經生物學和演化過程的一部分，多半不受文化、地域和語言差異的影響。**接下來的討論中，我們必須謹記一項重要事實：夢境的存在主要基於神經生物學的基礎。因此，夢雖看似無限白山，充滿魔力，但仍遵循著一定的界線。

夢也有其他方面的規則。例如：數學在夢裡起不了作用，而且人在做夢時，很少會涉及閱讀、寫作或使用電腦等其他認知過程。**少了執行網絡的邏輯功能，從事這些任務即便不是不可能，也極為困難。**

此外，人也不太可能夢見手機騎在馬上，這類「物體在夢中變成人」的情況極為罕見，反之亦然。莎士比亞的《仲夏夜之夢》中，人變成了動物，但在夢境報告中，人類鮮少化身為動物。此外，當一項物體在夢中變成其他物件時，很可能變成類似的事物，如汽車變成自行車，市內公車變校車，房子變成城堡，或一地的房子變成了另一地的房子。**夢裡的跳躍轉變，其實遵循著我們記憶的語義地圖。**

　　而語義地圖是我們彙整世界上人、物和地點的方式，可以想成是一串串葡萄，其中一串也許是交通工具，另一串可能是住宅類型。**人在做夢時，大腦雖從一個聯想跳到另一個聯想，但往往會維持在同一個語義群集（semantic cluster）內**，像是從一種運輸工具變成另一種，某類住宅變成另一類。據我們所知，自人類開始記錄夢境以來，向來如此。

　夢的社會和情感力量

　　我不禁心想，夢境敘事在整體人類史上之所以如此一致，是否因**為夢通常聚焦於真實或想像的情感和人際關係**。做夢的腦會演繹各種假設情境，且不帶有任何評判。因此，你可能會夢見自己有不同的性別、性取向，甚或將自己置身於清醒時不太可能、甚至厭惡的性關係或人際關係中，這主要透過情感的視角來想像，即：如果我這樣做，會作何感覺？

　　夢對於情感和社交關係的聚焦，也許說明了自 1950 年代以來，改變人類生活的科技為何對夢境影響不大。電視、電腦、網路和智慧型手機鮮少出現在夢境報告中。即便現代人高度依賴社群媒體，但根據有限但持續增加的研究調查，數位生活似乎仍未侵入我們的夢境。

　　富有想像力的夢境，首先為我們帶來的是社會實驗。人是社會

生物，夢提供了我們探索生活中關係的思想實驗，雖然情節有時荒謬得令人難以置信，有時又深刻動人，但**我們的社交智商（social intelligence）也在過程中隨之提高**。夢的此項核心特徵，端賴人類大腦和想像力網絡最突出、也是最晚演化發育的部位，即內側前額葉皮質（medial prefrontal cortex，mPFC）。

內側前額葉皮質是位於腦部中線、佔據左右額葉部分區域的一簇神經元，位於額頭後方、鼻樑上方。前額葉係指額葉最前端，即我們額頭的正後方。前額葉皮質使人的前額向前突出，是促使神經元新生的區域，能夠反映演化壓力，使我們更社會化、更具人性。

內側前額葉皮質影響著我們清醒時考量自身和他人觀點的能力，儘管人類大腦過去三、五千年來越變越小，但因為有此非凡的能力，人類物種的社交智商受到提升。這一切都得歸功於內側前額葉皮質，此區域若受損，會導致人缺乏同理心、社交決策能力差，和無法遵守社會規範。此外，內側前額葉皮質損傷會讓人即便接收到新資訊，也難以改變對他人最初的判斷。

人在做夢時，執行網絡退居一側，由想像力網絡主導，此時內側前額葉皮質便獲得解放。**我們之所以能將思想、感受和意圖賦予於夢中的自己和其他人物，正是出自內側前額葉皮質的影響**。這種設身處地為他人著想的能力，尤其是與你相關的人，簡稱為「心智理論」（Theory of Mind）。

　　心智理論讓我們能思索自己的信念、慾望和情感，並推論我們互動對象的信念、慾望和情感。從幼時開始，我們便會試圖理解自己和他人的心理狀態，此一能力對我們在各種社會環境中能否順利運作至關重要。自閉症、精神分裂症和社交恐懼症等疾病患者，正是在這方面出了問題，使他們難以與人互動。心智理論幫助我們理解他人的行為，並預測他們未來的行動。做夢時，心智理論讓我們能思考自己在某些想像情況下的感受，以及同一情況下他人對我們的看法。心智理論能力非常重要，有助於提升我們的社交能力，讓我們能在團體中與人互動、一起解決問題和為了共同目標而努力。**在夢中，心智理論得以全力發揮，讓我們可以演繹複雜的社會情境。如此富想像力的思想實驗，也能為我們清醒時的生活提供資訊。**

　　我們在夢中進行這些思想實驗時，也許會用到超活躍的邊緣系統。邊緣系統支援情緒、記憶和警醒等功能。如前述，**我們做夢時，邊緣系統可被活化至清醒時難以企及的程度，而高度活躍的情緒狀態有助於提升我們的社交智商和洞察力。**至此，各位也許會心生疑問，情緒對於社交技能為何如此重要？不妨記住一點，若邊緣系統受損，而腦部的理性執行區域無法使用它時，我們的思維就會癱瘓，變得無法理解社交世界，甚或做出簡單的決定。邊緣系統受損將有礙同理心、社交線索的理解，以及與他人良好互動的能力。雖然我們通常不見得會如此看待情緒，**但情緒對我們在社會情境中的良好判斷力影響重大。**我深信，情緒能力推動了人類集體的演化發展。

● 夢中的你與醒來的你

大多數人對於自我都有清晰認識。除了外表之外，我們記得自己過去的行為，對未來的自己也有所期許。我們有信仰、道德、好惡，所有一切清楚構成了我們的自畫像，但你夢中的主角呢？你夢中的自己是否與清醒時有所不同？

二十世紀中，美國研究學者凱文‧霍爾（Calvin Hall）和羅伯‧凡戴卡索（Robert Van de Castle）開發了一個系統，將夢拆解為各種組成要素[2]。他們開發的編碼系統計算夢境出現過多少角色？他們是個人、群體或動物？男性還是女性？夢中的攻擊性有多高？做夢者是攻擊者或受害者？

他們發現，做夢者幾乎總是夢中的主角，而情節通常包含約五個角色，夢境敘事往往是壞事多過於好事，通常涉及攻擊情境，而非善意的行徑。霍爾、凡戴卡索等人也透過此統計系統指出，大多數的夢並不奇特，多半是些日常瑣事。

夢是我們清醒生活的延續，此種觀點又稱為夢的連續假說（continuity hypothesis）。連續假說並不認為夢完全呈現了我們清醒時的生活，而是認為**夢反映了我們的個性、價值觀和動力，並承續了人在清醒時情感的關注、憂慮或需求**。據連續假說支持者指出，也許多達70%的夢都「體現模擬」了個人的擔憂和想法[3]。

任何曾在辛苦工作一天後夢見自己老闆，或夢見剛過世不久親人的人都知曉，夢會融入部分生活的元素。一項比較職業婦女和家庭主婦的研究發現，相較於家庭主婦，職業婦女在夢中更常經歷不愉快的情緒、有更多男性角色，且較少出現家庭的場景。

然而，我們都清楚，夢境經常與我們清醒時的生活截然不同。依我之見，夢的不連續性與連續性不相上下。清醒生活的多數事物出現在夢中時，多半是扭曲失真或毫無脈絡可言。夢往往是混合著虛實的奇異組合。

為了測試日常現實融入夢境的程度，研究人員大幅改變了研究對象的生活。研究使用彩色護目鏡、沉浸式電玩遊戲和其他技術，藉此觀察我們清醒時的現實如何滲透到夢中。不出所料，**夢鮮少忠實地反映現實**。全天戴著紅色護目鏡的人有時會做紅色的夢，有時只有部分的夢出現「護目鏡的顏色」[4]。另一項實驗中，受試者戴著將視覺顛倒的「反轉護目鏡」[5]。他們最終並未夢到顛倒世界，但夢裡出現了一些顛倒的事物。電玩遊戲的元素會出現在夢中，但夢境鮮少重現遊戲場景。對做夢的大腦而言，這太平平無奇。

個人夢境長時間發展下來，其敘事模式都是獨一無二的，但並非我們日常生活的忠實再現。霍爾與一位同僚分析了一名美國女性的六百四十九個夢，此名研究對象化名「多蘿西婭」（Dorothea），她自1912年二十五歲時開始在日記中記錄自己的夢，直到1965年去世前幾天，享年七十八歲。多蘿西婭五十年來的夢境記述中，數個主要的主題意外地佔據了她四分之三的夢境，其中包括：

- 飲食。
- 遺失物品。
- 身處狹小或凌亂的房間，或房間被他人入侵。
- 與她的母親一起在夢中。
- 上廁所。
- 遲到。

多蘿西婭的夢境模式可謂數十年來如一日，展現出明顯的一致性。也許在你讀了一、兩百份多蘿西婭的夢境記述後，便會心知這些是她做過的夢。即便如此，這些夢並未提供我們任何關於她生活的線索。從這些夢中，你永遠無法得知她在家中八個孩子裡排行老二；或她在中國出生，父母為中國傳教士；抑或她在十三歲時回到美國，三十八歲時獲得心理學博士學位；她終生未婚未生，執教直到退休。從多蘿西婭的夢境，你最多只能推斷出她的價值觀、擔憂，以及關切的議題。

就連霍爾自己都難以從患者的夢來判斷出個人的特質和性格。他曾研究 1963 年美國聖母峰探險隊中十七名男性的夢境內容，並研判其中兩人應是最受喜愛、心理最成熟且最出色的領袖。事實證明他大錯特錯，他們是最不受歡迎且最不成熟的人，而且被認為不善於領導或鼓舞士氣。霍爾寫道，他試圖根據登山者的夢境內容來判定他們清醒時的行為，結果出現了「嚴重誤判」，這給了他一記當頭棒喝。霍爾的誤判顯示出，**夢境在反映我們清醒時的現實上有所侷限，夢充其量只是一面失真的鏡子。**

● 兒童的夢境如何發展？

我的三個兒子現在已經上大學了，但我猶記他們嬰幼兒時期的成長歷程。他們第一次真正的微笑、第一次開口說話、第一次邁步、第一天上幼兒園等等。我和多數家長一樣，在他們達到這些成長的里程碑時，感到既興奮又寬慰。隨著幼兒一日日成長和體驗世界，腦內神經也有其他同樣重要的發展，但即便是最細心的父母都難以察覺。這些神經發育的里程碑雖發生在「幕後」，但重要性不在話下，對於夢尤其如此。

做夢的能力是一項重大的認知成就，需要時間來發展。事實上，我們先學會走路和說話，之後才會做夢。幼兒四歲時，視覺與空間技能（visual-spatial skill）開始發展，做夢的能力也同時隨之開展，這個時間點大約也是我們學習如何跳躍、單腳平衡和接球的時候。

我們透過縱貫性研究追蹤夢的出現和演變，藉此掌握兒童的夢境隨時間的發展變化。部分情況下，追蹤研究中的兒童及其家人甚至參與了長達數十年的夢境報告與評估，直到孩子進入青春期或成年為止。經過深入研究，我們得知，**兒童的夢境與清醒時的想像力齊頭並**

進，同步發展。

從最初的夢境報告來看，兒童的夢幾乎算不上是夢。三到五歲的兒童會在成人大量做夢的睡眠階段醒來，而且通常不會表示自己做夢。若他們做了夢，夢境也不會涉及動作或活動。這些夢更像是靜態照片，而不是影片，夢中幾乎毫無動作，也少有社交互動，而且做夢的人通常不會參與其中。

以學齡前兒童而言，涉及攻擊、壞事和負面情緒的夢較為少見。此階段的夢境主要具有兩大特徵：一是動物角色，另一是如飢餓或疲倦等身體狀態的參考。例如：涉及身體狀態的夢可能是像睡在廚房餐桌上，而動物相關的夢可能會夢見小鳥啼叫。有趣的是，幼兒夢中出現的動物通常不是自己的寵物，而是童話、卡通或故事裡的動物角色。對此，有一說認為，**這些動物角色其實是兒童自我意識發展成熟前代替他們的化身。**

五歲到八歲的兒童開始描述具敘事的夢境，但不照時序或順序。孩子最初以為夢是大家共同的幻想，但最終會意識到他們的夢境並非共同的經歷，而是更私密的體驗。此時，想像力網絡也約莫在這個年紀開始發展。想像力網絡的腦部結構需要時間才能彼此連結，並針對其特定的行為或目的協調運作。

但直到七、八歲左右，兒童才會成為夢境的主動參與者。同時，他們在描述夢境時，也會開始顯露事件的順序，一個事件導致下一個事件。此時，孩童也開始在夢中和清醒的生活意識到「自傳體自我」（autobiographical self）的存在。自傳體自我是我們對自身及與他人關係的感知。總的來說，這些認知能力與夢境的並行發展似乎並非偶然，而是相互影響、促進的。

最後，賦予孩童做夢能力的要素究竟為何？仔細一想，多數孩子到此時已經開始上學，學習閱讀或簡單的數學，但卻尚未開始做夢，至少不是我們所認為那種具有一系列場景的夢。研究人員也為此大感困惑，他們不禁心想，年幼的孩童是否其實一直都有做夢，只是不具備足夠的語言能力來描述夢境。但此種說法似乎並不成立，畢竟小孩在敘述夢境之前，早有能力談論現實生活的人、事和物。

事實上，**我們所認為的夢的出現，主要與視覺和空間技能的發展有關，而不是語言和記憶能力**。做夢需要具備諸多能力，我們不僅要能視覺化世界，還要能製造情境。夢境如同其他高階認知過程一樣，都是隨年齡逐漸發展成熟而出現。做夢的關鍵在於，我們的大腦能否從視覺上重現現實。其實，有一項測試能判定孩童是否具備做夢的能力，名為「方塊設計測試」（Block Design test）。受試兒童在測試中必須檢視具有紅白圖案的模型或圖片，然後用方塊重現這些圖案。若他們能正確拼出圖案，就可能會做夢。

視覺與空間技能和做夢都仰賴頂葉（parietal lobe）。頂葉有助於空間方位的指引，直到七歲左右才發展完全。更重要的是，夢境也需要腦部區域之間的複雜聯繫，這些聯合皮質（association cortex）也需要時間發展，才能使枕葉所見和頂葉所感的事物產生意義，兩者共同作用，我們才能獲得身歷其境的視覺和情感體驗。

孩童開始做夢後不久，伴隨而來的，便是兒童發育過程中一項引人注意的普遍情況：惡夢的產生。我們將於下一章深入探討惡夢，但**兒童經歷的惡夢比成人多出許多，無論他們的教養環境多麼溫和良善，兒童的夢境總是充滿了怪物和超自然生物**。不過，隨著我們從童年步入成年，幾乎所有人的惡夢都會逐漸消失。

現在我們已知，**做夢與「自我」的認知意識發展相應，而基本的自我意識讓我們能擁有自傳式記憶和身分認同**。世上沒有什麼夢比惡夢更能增強自我意識了。惡夢中的自我常會受到攻擊，或面臨各種生存威脅，基本上就是一場人我之爭。惡夢能有效強化兒童的個體觀念，讓孩子們意識到他們是獨立的個體，擁有自己的意志，並在世上佔有一席之地。

● 做夢帶來的演化優勢

我們如何確知夢並非出於隨機？它們難道不是從牌堆裡隨意抽出的一連串影像、記憶、人物和動作？夢也許是睡眠過程中，發生若干有益現象一些無關緊要的副產物，如同引擎的噪音，而不是重要的活塞和齒輪。

我們之所以確定夢境並非隨機，主要有幾個簡單原因。一是許多人都做過重複的夢。若夢境是隨機出現的，那麼同一個夢做兩次的機會極低，相同的夢出現兩次以上更是不可能。其次，有些人可以半夜起床、然後回到床上繼續之前的夢。若夢真的是隨機的，這也不可能發生。

依我所見，**人是經由演化而具有做夢的能力**。原因如下：演化會盡其可能地保留有利的特徵，絕不會延續那些無法為我們帶來明顯優勢的特徵，特別是需要大量能量，或讓我們暴露於捕食危險的那些，但做夢兩者兼具，不僅得消耗大量的能量，而且人在做夢時也處於脆弱狀態。

既然如此，人為何會做夢？我們為何要在夜間如此耗力地去經歷這些怪異、只為自己所想的心理敘事，例如墜落、牙齒脫落、出軌等？**我們花費數年、甚至數十年的時間做夢，究竟能從中獲得哪些生理或行為上的益處？**

這些提問也引發了諸多理論。我們都曾夢見過自己被追趕，所以有一派理論認為，夢的存在是一種威脅預演方法，讓人以安全的方式練習辨識和應對威脅。此一理論主張，夢就像是虛擬實境模擬，我們可以在其中測試不同的反應方式，並設想後果。只是，我們是否真能根據夢中經歷，更妥善因應現實世界的威脅？

在一場或可稱為現代版的威脅預演中，巴黎索邦大學（Sorbonne

University）神經學教授伊莎貝爾・阿努爾夫（Isabelle Arnulf）詢問了學生在醫學院入學考前的夢境[6]。結果發現考試相關的夢境很常見，其中超過四分之三是惡夢。毫無疑問，這些不愉快的夢境主題不難預料，例如：「我在上午十點平靜地醒來，突然間感到驚慌失措，並意識到考試已經結束了，而我沒通過考試。」其他學生則是夢見考前眼鏡碎裂、拿到缺頁的考卷、考試時無紙可寫，或火車方向錯誤而錯過考試等等。

有趣的是，研究發現，經常夢見考試的學生比起從未夢見過考試的學生，成績高出了約20%；更多睡眠不見得會帶來更優異的考試結果，考前越焦慮也不代表考試分數會越低。阿努爾大歸納出的結論是，**對壓力事件的負面預期和在夢中模擬考試，也許為考生帶來了認知上的益處**。她認為，考生的夢境起到了心理上的檢核清單作用，幫助學生在潛意識中準備各種可能情況，從可能發生的疏忽（如忘記攜帶證件），到不太可能或不可能的情境（如搭飛機去考試）等，都包含在內。

然而，如果威脅模擬是我們做夢的唯一原因，所有的夢應該都會涉及想像中的危險。但我們都心知，事實並非如此。夢的情節五花八門，除了恐懼之外，我們在做夢時還會經歷各種其他情緒。因此，做夢肯定還有其他演化上的好處。

另一項理論認為，**夢具有療癒價值，猶如一種夜間治療，幫助我們消化和代謝引發焦慮的情緒**。許多人都夢見過自己遲到，或衣著不得體，甚至是赤身裸體出現在公共場合。這些夢其實有助於我們避免現實生活中的尷尬。加州大學柏克萊分校的近期研究顯示，經歷此類情緒化的夢境後，人們隔天清早醒來，對於類似情境的恐懼反應會有所減弱[7]。

除此之外，從離婚夫婦的夢境，亦可證明夢的療癒價值。美國若許大學醫學中心（Rush University Medical Center）神經科學研究院教授羅莎琳・卡瑞特（Rosalind Cartwright）發現，從夢境本身可準確預測誰會（或不會）從離婚的憂鬱狀態中恢復[8]。能走出情傷的人，其夢境往往更戲劇化、情節複雜，而且混合了新舊記憶。卡瑞特認為，近期離婚的受試對象在夢中宣洩了對前配偶的負面情緒。她說，這有助於淡化情緒，讓做夢的人做好準備，醒來後可以更積極看待事物，並重新開始。離婚夫婦夢見彼此的程度，與他們能否走出情傷密切相關。

做夢也可能是測試不同人際情境的方法，沒什麼比做夢更能設想各種社交情境了。無論是真實或令人難以置信的情況，夢能呈現出各式各樣的情節，而我們得以在其中想像情況會如何發展。人類在這方面非常擅長，因此，德州貝勒大學（Baylor University）生物醫學人類學家馬克・弗林（Mark Flinn），也將這種社交情境建構能力稱為人類的「超能力」[9]。從演化角度來看，我們與他人的互動程度至關重要，有助於我們在團體中相處融洽，並找到伴侶。

另一項關於夢境演化益處的理論指出，**做夢讓大腦在睡眠期間也**

能隨時調適以及做好準備。電腦科學家在試圖打造有如人類心智運作的機器時，遭遇到了困難，這些挑戰也為我們提供了夢境其他益處的線索。

神經網絡由腦部功能相關的神經元連結組成。例如：當我們需要辨認某人是否為熟面孔時，大腦中負責視覺處理的神經網絡就會啟動，臉部辨識軟體就是對應的人工模擬版本。有一理論認為，做夢之所以具備演化上的優勢，是因為**伴隨夢境而爆發的精神活動，可使神經網絡保持活躍和靈敏**，猶如大腦常燃的引火火苗一般。如此一來，當我們醒來時，大腦便能迅速恢復機警，並投入工作。

機器學習和夢境的奇異本質，啟發了另一項關於夢的演化優勢理論。夢境往往超越現實，充滿了荒誕或不可思議的場景，不僅平日裡少見，很可能一輩子都聞所未聞。據此，美國神經科學家艾瑞克·霍耳（Erik Hoel）提出了所謂的「大腦過度擬合假說」（overfitted brain hypothesis）[10]。他主張，夢的存在是為了幫助我們歸納清醒時所習得的資訊或知識。

機器在學習複雜任務時，被訓練從一組特定情況發展出一般規則。倘若模型使用的特定資料太相似，就會發生「過度擬合」的情況，機器採用的規則會變得與所接收到、有限的外界資訊過於一致。結果，機器就會像人一樣，出現「狹隘」的思維，在分析資料時過於聚焦、僵化且刻板。換句話說，當機器接收到跳脫傳統、非常規的資料時就會失靈。為了防止此種情況，電腦科學家會將「雜訊」加入用來訓練機器的資料中，故意破壞數據，使資訊更加隨機。

我們的日常經歷也類似機器學習所用的資料集，所提供的外界資訊通常十分有限，因而容易形成受限或受困的思維模式。習慣於日常有助於生活更有效率，但也限制了我們應對意外情況的能力。**夢有著天馬行空、超常的特質，有如加入機器學習資料的雜訊**，這種每晚對記憶和思維模式的重新洗牌，仰賴的也許是所謂的「隨機共振」（stochastic resonance）現象。這是一個科學術語，指的是在數據中隨機添加雜訊，使重要訊號更容易被檢測。因此，做夢也有助於更靈活、創意的思維。

支持此理論的，不僅是人的思維和稀奇古怪的夢境敘事，還有我們在做夢時實際發生的神經生理變化。大腦透過調降腎上腺素含量，向我們的夢境注入「雜訊」。我們對腎上腺素並不陌生，因為此種神經化學物質會啟動人的「戰或逃」（fight-or-flight）反應，使我們保持高度警覺。腎上腺素上升時，我們進入極度警覺、專注的狀態，在此情況下，我們最能從雜訊中偵測出最微弱的訊號。這對於人在野外躲避掠食者有著無比的助益，腎上腺素上升，也許能幫助我們在高高的草叢中察覺微弱的聲響，偵測肉眼看不見的威脅。

人在做夢時，腎上腺素會下降，辨識訊號和雜訊的能力也會減弱，大腦的現實驗證能力也會受到抑制。如果此時面臨危險，這將是一大弱點，**但也讓做夢具備創意和發散性思考的力量。**我將在第 4 章〈夢與創意〉中，從解剖學和生物學的角度來詳細探討發散性思考的原理。本書所述的發散性思考，指的是常常被稱為「跳脫框架」的思維，是以全新思維或從原創角度來看待問題，這一點在人清醒並專注於解決問題時，可能非常難以做到。

我們在夢境中時，大腦的腎上腺素水準降低，使大腦暫時中止對現實的懷疑，這對於冒險性的夢境十分必要。此時，執行網絡也被關閉，此為做夢的第二步。這很合理，因為腎上腺素和執行網絡在功能上是協同的，兩者具有類似的作用，共同維持人的警覺狀態和對外部環境的聚焦。同時，雖然腦中腎上腺素降低，但我們體內的腎上腺素水準不變，因此，我們在夢中體驗的感受，與現實中並無分別。例如：當我們夢見逃離掠食者時，體內的腎上腺素會讓我們心跳加速，就像我們真的在逃命一樣。

做夢時所發揮的想像力和無拘無束的思維，對我們助益良多，有助於我們找到因應存在威脅的解決方案。 說到演化論主張的適者生存，我深信所謂的「適者」意味著最具適應力，而夢境的奇特敘事正好賦予了我們這項能力，以駕馭複雜的世界，讓我們擁有最好的機會來克服可能面臨的各種挑戰。夢可以模擬日常生活中難以預料、但為了生存必須有所反應的「黑天鵝事件」，如瘟疫、地震、海嘯、戰爭、乾旱等等。

總而言之，儘管現今夢的研究蓬勃發展，但還沒有任何理論能完全解釋人類為何保有做夢的需求。其實從研究證據來看，所有相關理論某種程度上都屬實，而且彼此相關、相輔相成。我們不該期望夢有單一的解釋，正如同人清醒時的想法並不單一一樣。隨著人類持續進化，大腦的細胞結構衍生出更新、更複雜的層次，夢又為何不能有更多樣的解釋呢？為什麼夢不能既幫助我們調節情緒，又能模擬最糟情況呢？為何夢不能同時兼具威脅模擬和微調神經網絡的功用呢？

　　這些理論說明了夢幫助人類物種適應環境和生存的所有方式，但我也相信，夢幫助我們成為自己，尤其是一特定類型的夢，對於我們敘事身分（narrative identity）和自我意識的發展影響深重，也讓獨特的個體得以顯現。此類型的夢正是所有人都曾經歷過的 —— 也就是惡夢。

chapter 02

我們需要惡夢

　　茱莉亞白天過著寧靜的生活，她教瑜伽、從事園藝和爬山健行。然而，多年來，她不知為何一直做著可怕且充滿暴力的夢，例如：目睹自己的父母被斬首，或用刀刺傷某人。正如她在播客節目《科學大對決》（*Science Vs*）上所述，她常在夢醒時渾身發抖，而且難以忘懷夢裡令人不安的細節[1]。隨著一天開啟，駭人夢境所帶來的情緒逐漸消退，她不禁反思起自己的腦袋在夜晚構想出的恐怖場景。而夢魘的餘波也逐漸延續至第二天。

　　茱莉亞過著令人費解的雙重生活，她的白天充滿了正向情緒，圍繞著健康習慣，但她的夜晚卻充斥各種暴戾的想像。茱莉亞為自己內心潛伏著如此凶猛暴烈的思想而深感不安。她不明白自己為何會有這些惡夢，也不曉得該如何阻止它們。

茱莉亞的夢境生活為何與現實生活大相逕庭？而且為何如此晦暗？這些殘暴夢魘從何而來？

原住民文化將惡夢歸咎於外力，像是邪靈、惡魔或其他邪惡存在。有些文化將惡夢視為通往意識邊緣的窗口，甚至沒有語彙稱呼它。其實，惡夢和一般的夢一樣，都是神經生物學的產物。終歸一句，**惡夢的暗黑幻象皆源自於我們自己。**

對許多人來說，惡夢猶如睡眠的不良副作用。畢竟，夢魘會讓我們心驚膽顫、在夜裡驚醒。我們害怕夢魘，夢魘也困擾著我們。然而，惡夢有其存在的必要，甚至具有你從未想過的益處。

根據個人惡夢發生時的年齡、起源以及可能的作用來認識惡夢，也許有助於我們的理解。當然，任何心智特徵都難以清楚劃分，但先釐清這些特點有助於我們進一步探討。本章主要聚焦的夢魘類型是在我們童年時出現、有時持續至成年的惡夢。**對兒童而言，惡夢普遍出現也許有助於培養他們的身分認同和自我意識。**這些惡夢雖充滿恐懼，但鮮少干擾孩子的生活。

另一種惡夢發生在成年人身上，不僅在夢中讓我們感到恐懼，還會影響清醒時的生活，猶如某種心理溫度計。此類夢魘可能由壓力、焦慮或創傷本身所引起，若情況太過嚴重或長期如此，就會形成所謂的「夢魘疾患」（nightmare disorder）。我們將於第5章〈夢與健康〉探討創傷引發的惡夢。

但首先，我們來看看惡夢與其他夢境有何不同？

◉ 惡夢不單單是不愉快的夢

惡夢不該與感覺不好或不愉快的夢混為一談。不愉快的夢僅讓人感覺情緒負面，例如：錯過公車或不得不與討人厭的同事互動。另一方面，惡夢的特點則是漫長、逼真、令人恐懼且總是讓人驚醒。

惡夢的情節通常涉及對我們生存、身體完整性、安全或自尊的威脅，其中的情感氛圍瀰漫著一股恐懼，還可能產生強烈的害怕、憤怒、悲傷、困惑甚或厭惡等感覺。從定義上來說，**惡夢不僅迫使我們驚醒，夢中的可怕事件也歷歷在目**。

惡夢的內容與其他主要類別的夢境內容（如愉悅或追求目標的夢）大相逕庭。其他類型的夢往往隱喻性較強，但惡夢往往較如實，隱喻性較弱。我們在惡夢中通常會受到某種真實的威脅，夢中的自我也會受到攻擊。

惡夢的另一個不同之處在於，我們在其他夢境中，通常能推測其他人物的動機和情緒；但在惡夢中，我們可能會喪失這種讀心術般的能力。**面對難以捉摸敵人的真實威脅，你的自我意識會因此增強。在惡夢中，是你與「他者」的對抗**。

有個流傳已久的迷思是，人不可能在夢中死亡；抑或如果你在夢裡死去，在現實生活中也會死亡。目前尚不清楚這種充滿誤導的傳說究竟源自何處，但確實代代相傳了下來。事實上，人可能會在夢中死亡，但你幾乎總是會在此事發生之前醒來。

即便夢的內容殺不死你，但情感強烈的夢所帶來的生理壓力卻可以。人睡著時，約每九十分鐘會經歷一次完整的睡眠週期，從淺層睡眠、深層睡眠，到最後的快速動眼期睡眠。我們在快速動眼期睡眠中，會經歷最栩栩如生、情感最強烈的夢境。隨著整晚經歷每個睡眠週期，快速動眼期會越變越長，夢境的情感波動也會越加劇。因此，清醒前的最後一段快速動眼期睡眠與心臟驟停風險上升相關，想來並不令人意外。

做惡夢時，大腦負責處理情緒的杏仁核會變得高度活躍，我們的呼吸會變急促、不規律，可能開始出汗，心跳也會急劇加速。根據紀錄，一個人在做惡夢時，心跳在短短三十秒內從每分鐘六十四下飆升至一百五十二下。儘管如此，即便惡夢的內容已深深烙印在我們腦海，但多半不會在身體上留下長久痕跡。

無論惡夢如何擾亂、撼動或影響你，絕大程度仍是難解之謎。它們令人不安的力量來源難以判定和量化。惡夢是睡眠中經歷的一場主觀、私密、歷歷可見且情緒化的雲霄飛車，直到我們清醒時，才能由主觀意識來進行評估。

惡夢是普世的存在，也一直是人類境況的一部分。惡夢不是瑕疵或異常，並非隨機地影響某些人，而不干擾其他人。**人人都會做惡夢，無關乎個人的生活經驗、飲食、年齡或個人習慣**。即便是最溫柔的童年，也不能抵擋惡夢侵擾。

惡夢的主題也並非隨機，它們不是伴隨著不祥配樂偶發的神經元放電現象。惡夢的情節是可預見的，從古至今，全球最常見的五個惡夢主題是：失敗和無助、身體侵害、意外事故、被追趕以及健康相關的擔憂或死亡。惡夢通常是我們最先記得的夢。每個人終其一生多少都能說出一個規律出現、讓我們在夜半驚醒、徹底令人顫抖的惡夢。

● 兒童最會做惡夢

你可曾想過，人起初為何需要惡夢？它們可以提供哪些潛在益處？我深信，惡夢對於個人和人類物種都助益匪淺。惡夢最重要的好處來自於生命早年，而且很可能會讓你大吃一驚。

有趣的是，人一生的惡夢模式並不難預測。首先，兒童做惡夢的頻率據估是成人的五倍。童年的惡夢常常涉及墜落、被追趕和邪惡的存在。在全球各地和不同文化中，兒童的夢境報告常出現怪物、惡魔和超自然生物。怎麼會呢？在愛中長大、受到養育和保護的孩子，為何還會在夢裡召喚出怪物？

想證明兒童做惡夢的確切原因和方式，也許永遠不可能，但考量惡夢的模式和主題，我們不難做出推測。

　　首先，且讓我們思索一下恐怖夢境滋生的溫床。**童年的惡夢發生在幼兒認知能力爆炸性成長的時期**；此時，兒童的語言和社交技能也蓬勃發展。幼兒在家中與父母和手足互動，在學校與朋友和其他人往來時，他們首度意識到自己在這個世界上的身分與位置；同時間，他們在夜裡也經常做惡夢。在我看來，兩者息息相關。

　　原因如下：正如第 1 章裡所探討，人不是生來就會做夢；我們做夢的能力在童年時期逐漸發展，兒童的夢境和清醒時的想像力是同步成長的。隨著孩子發展出視覺與空間技能，使他們能想像三維世界，夢境便開始變得有如影片，而不只是靜態畫面。到了五歲時，孩童開始出現在自己的夢境裡，成為夢境情節中的角色，此乃正常發展，與幼兒學習爬行、走路或騎自行車並無二致。此時，惡夢也開始浮現。

　　對於年幼的孩子來說，惡夢之所以格外恐怖，是因為他們無法區分夢境與現實的差異。「那只是一個夢」這句話對五歲的孩子來說毫無意義。我們之所以清楚這一點，得歸功於廣泛的研究，讓我們得知孩子在多大年齡時才理解自己的夢是私密的、他人無法窺見的想像事件。夢中的自我和夢魘在兒童成長過程中同時出現，或許並非偶然。**惡夢也許是普遍的認知過程，幫助所有孩童培養和形成自我意識，發展出真正與他人有別的獨立心智，甚至協助他們辨別夢中和清醒時的想法。**

身為成人，自我意識並不會時常浮現腦海，因為我們的自我意識已發展完全。我們知道自己是誰，理解自己作為個體的存在，清楚本身的性格和身體特徵，了解自己的思想和感情，明白我們相對於他人的角色，如父母、子女、手足、伴侶、朋友、對手、同事等等。生而為人，最重要的就是掌握複雜的社會環境。此種內在和外在的自我意識，有時又稱為敘事自我（narrative self）和社會自我（social self）。對兒童來說，兩者都是全新領域。成為個體是一段學習過程，年幼的孩子才剛剛開始意識到，自己擁有豐富而獨特的內心世界，也才剛理解他們在家庭、團體、城鎮，和社區、學校、社會及文化等現實世界裡佔有一席之地。**孩子擁有自我意識後，也許會變得更獨立，並展現更多自信，也更願意嘗試和學習新事物。**

以五、六歲孩童典型的惡夢為例，他們的夢境常是自己對抗某種生物。當怪物在孩子的夢境中攻擊他們時，這些小小做夢者告訴研究人員，這些生物正試圖入侵他們的腦袋。試想：孩子在腦袋裡創造出怪物，並與自己的腦袋搏鬥，做夢的人對抗邪惡的他者；兒童年幼的生活裡，自我意識從未面臨如此巨大的威脅。

隨著孩子年齡漸長，心智逐漸成熟和成形，惡夢也隨之增加。例如：兒童做惡夢的頻率直到十歲左右才會減少。從十二歲開始，女孩比男孩更容易做惡夢，她們的惡夢通常以人類和小動物為攻擊者，而男孩的惡夢則更常見怪物和大型動物。據研究顯示，兩者之間的差異也許是受到社會化的影響，此種性別差異在青春期後也開始減少。

一如所料，同儕和社交衝突對於青少年的夢有極大影響力，他們做夢的內容也開始更常與性有關係。青少年在此階段認知發展漸趨成熟，他們做惡夢的頻率也逐漸減少。常見的例外是患有創傷後壓力症候群（PTSD）和精神疾病的人。像茱莉亞這樣的案例較為罕見，她經常做惡夢，一直持續到成年，而且沒有任何明顯原因。她的夢魘如同孩童的惡夢，是源自於想像，但不會嚴重干擾睡眠、影響白天的行動或讓人害怕入睡。這些情況是夢魘疾患的症狀，我將在第 5 章詳細介紹。

即便成年後，我們依然會做惡夢，但頻率通常低上許多，也許每月一次，而且可能是由生活壓力所引起。當然，孩童也會因為焦慮和壓力而做惡夢。

隨著我們步入成年生活，惡夢的主題也會有所轉變。**童年夢魘中的怪物不再是主角，取而代之的也許是人際衝突，或失敗與無助等主題。**相較於正常的夢境，惡夢裡也充斥了更多陌生的角色。然而，一如我們所知，從童年到成年，惡夢有一項重要元素始終貫串其中：即無論是由怪物或無助感引起的惡夢，夢中的自我通常都是處在受威脅的狀態。

我們腦海想像出的惡夢如同做夢，都是高度複雜的大腦認知成就。若我們從整體考察夢境的種類和特徵，便不難發現惡夢格外引人注目，是最值得注意的夢境類別。**惡夢能以生活經驗無法做到的方式鍛鍊我們的心智，幫助形塑和鞏固我們的自我意識。**簡言之，惡夢也許是人類發展中不可或缺的一部分。

惡夢的神經生物學

1950年代時，腦部外科醫師先驅懷爾德‧潘菲爾德（Wilder Penfield）在為癲癇病人進行清醒開顱手術時，意外地窺見了惡夢持久的影響力[2]。他的微電流探頭引發了患者過往鮮明清晰的回憶：一名女性回想起生育時的情況、一名男子聽見母親電話裡的聲音，還有唱機上播放的歌曲音樂。患者形容此種經歷「比記憶中更真實」。此外，潘菲爾德也多次引發一特定類型的夢──惡夢。

一名十四歲的女孩講述了童年時期的一次可怕經歷，這後來成為她反覆出現的夢魘。當時，她走在一片草地上，她的兄弟們走在前頭，一名男子尾隨在她身後，並說他背的袋子裡有蛇。她趕緊逃離了那個男人，希望能追上她的兄弟，後來這一幕反覆在她的惡夢中重現。每次潘菲爾德的探頭觸及她大腦同一部位，都能喚起這個在她的癲癇發作前出現的場景。

正如第1章開頭提及的清醒開顱手術，我在觸動患者的夢魘時，也在進行顳葉的定位。通常，只要將探頭移開，惡夢就會結束。然而，有時「開關」仍然保持開啟，惡夢會持續。發生此種情況，是因為惡夢就像所有的認知活動，是由大腦神經元之間數百萬次的電流流動所驅動。我的微電流探頭啟動了電流，但神經元自主地持續活動，猶如一列失控的火車，自行循環重播著恐怖景象。

此種情況發生時，我必須平息此特定腦部區域的電流迴路，以終止患者的惡夢。可以想見，我用了最基本的方法來做到這一點：以水滅火。我用了潘菲爾德會用的方法，輕緩地將滅菌沖洗用蒸餾水直接倒在暴露的大腦皮質上，以抑制電流活動，破除夢魘。病人不會感覺寒冷，但冷水減緩了神經元的代謝，使它們難以激發電位，患者的惡夢也隨之終止。

從潘菲爾德（和我自己）的清醒開顱手術經驗，最令我印象深刻的是，**惡夢不僅僅是短暫的夢境體驗，而是深深嵌入大腦神經結構的一部分**。具體的恐怖場景深植於大腦皮質，以某種精確的方式編碼，能一次又一次地被忠實回憶 —— 成為持續不斷的惡夢。

● 科學證據支持惡夢的效用

惡夢不僅會帶來巨大的心理壓力，生理上也處於高能耗的狀態。做惡夢會導致呼吸急促、心跳加速，並引發強烈的情緒，這一切都需要大量的能量。一如我們所見，若一項特徵或行為需要付出諸多精力（惡夢無疑如此），就必須對個體有實際的益處。換言之，若惡夢毫無用處，我們不會將寶貴的精力浪費在它們身上。有鑑於此，惡夢不應被視為大腦的遺留物，它們不像闌尾一樣，不是曾經有用但現在已無明顯功能，只是隨著演化過程保留下來而已。惡夢絕對不只如此。我們既然投注如此多的精力，惡夢又在代代的演化壓力下保留下來，顯然有其存在的價值。我相信惡夢得以延留，是因為它們對我們具有重要的功用。

在了解惡夢的潛在用處前，讓我們先思索一下惡夢與一般夢境的區別：**惡夢其實可以代代相傳**。研究人員在同一家族中發現許多成員頻繁做惡夢的情況，一項針對三千五百多對芬蘭同卵和異卵雙胞胎所進行的研究，發現了與夢魘相關的基因變異[3]。如果做惡夢的可能性可透過基因遺傳，那惡夢本身是否也能遺傳？經典惡夢的劇本能否世代相傳？畢竟，除了創傷後壓力症候群之外，多數惡夢都無關乎白天的創傷，但似乎都遵循著令人恐懼且心驚膽顫的陳腐劇本，例如：野獸追逐在後、從懸崖上墜落或受到攻擊等。這些腳本是否也被編入了雙螺旋的遺傳密碼中？

如此的想法並不牽強。將有益的行為特徵傳遞給下一代，是演化心理學的核心原則，該理論認為行為與身體特徵一樣會受到物競天擇的影響。例如：現今普遍認為，基因會影響注意力和工作記憶等認知能力；據聞，基因對幸福感或愛好冒險等特質也有所影響。

將行為特徵傳遞至下一代的另一種方法，是透過表觀遺傳（epigenetics）。表觀遺傳不會改變 DNA，但能調控基因，使其開啟或關閉。表觀遺傳讓性徵無須歷經基因層面的緩慢變化，就能傳給下一代。換句話說，我們的 DNA 不需經過突變，遺傳密碼就能以不同方式表現。

有證據顯示，行為特徵與身體特徵一樣，都受到表觀遺傳影響。以研究人員最喜愛的秀麗隱桿線蟲（C. elegans）為例：有個研究團隊發現，當某一代蛔蟲學會避開危險細菌時，牠們會將這種避險行為傳給下一代[4]。

人類也能透過表觀遺傳將一代人學到的特徵傳遞給後代。我們每個細胞的 DNA 都包含了長達六呎的遺傳密碼，這是人體的整體藍圖。細胞挑選和選擇要複製的基因碼，分化為腦細胞、皮膚細胞或其他類型的細胞，並製造各種蛋白質。環境變化也會影響基因表現，導致不同的基因部分被複製或略過，並產生不同的蛋白質。身體透過分子標誌（molecular marker）來進行調控，抑制或促進某部分 DNA 的複製。

例如：如果你是吸菸者或暴露於環境毒素，分子標誌就會改變你的 DNA 表現方式 —— 至少是暫時改變。如果說 DNA 是整間房子的藍圖，那基因表現（gene expression）便決定了要製作門還是窗。從父母到子女，上一代的基因表現可以傳給下一代。一旦你戒菸或遠離了環境毒素，過一段時間後，DNA 便會恢復正常。

既然做惡夢的傾向，有可能從父母遺傳給子女，令我不禁心想，**我們祖先的夢是否透過了表觀遺傳，以某種方式影響著我們睡眠中的心智。**

睡眠癱瘓：人類最初的「惡夢」

　　試想，你某日早晨醒來，全身無法動彈、充滿恐懼，恐慌地喘不過氣，感覺胸口有一塊大石，壓得你快要窒息。你可能會聽到嗡嗡聲，甚至感受到電流或震動穿過身體；有漂浮或被碰觸的感覺；聽到如魔鬼的笑聲等幻聽的聲音；或看見有人、動物或邪祟在你身邊、在你身上、威脅你、碰觸你、讓你窒息或穿透你。此種情況發生時，你正經歷所謂的「睡眠癱瘓」（sleep paralysis）。

　　據估計，高達40%的人一生中至少有過一次睡眠癱瘓的經驗。睡眠癱瘓如此普遍，世界各地的文化對於此種經歷都有各自的解釋，但其中卻驚人地相似。遠古的美索不達米亞文化中，將睡眠癱瘓歸咎於夢魔（incubus，即想與睡夢中的女性發生關係的男惡魔），或其相對應的女妖 —— 魅魔（succubus）。在義大利羅馬東部的阿布魯佐（Abruzzo）地區，罪魁禍首則被認為是名為「潘達費什」（pandafeche）的邪惡女巫。埃及文化則認為是名為「鎮尼」（jinn）的凶惡靈體導致了睡眠癱瘓。中國則歸因於鬼魂來訪。美洲原住民伊努特人（Inuit）則認為，睡眠癱瘓是薩滿在攻擊做夢者脆弱的靈魂。十八世紀時，生於瑞士的藝術家約翰・亨利・福塞利（Johann Heinrich Füssli）將睡眠癱瘓描繪成哥布林般的小惡魔棲息在熟睡女人的胸口。最近則有一說是因為外星人意圖綁架。像睡眠癱瘓這樣驚心、迷幻且嚇人的現象，還能作何解釋？

英語「nightmare」（惡夢）一詞可追溯到西元 1300 年左右，最初是由「night-mare」二字組成，Mare 是會在睡夢中折磨人的惡魔。睡眠癱瘓有時會讓人產生被性侵犯的感覺，因此人們相信夢魔或魅魔造成了此等可怕的經歷。

睡眠癱瘓最早的臨床描述，來自於荷蘭醫師伊斯布蘭·范迪默布魯克（Isbrand van Diemerbroeck）在 1644 年發表的病例報告，他稱此現象為「夢魔」或「夢魘」。根據范迪默布魯克的描述，他確實捕捉到了睡眠癱瘓所經歷的恐慌和畏懼：「在夜晚準備入睡時，有時她相信有魔鬼壓在她身上，令她動彈不得；有時她感覺被一隻大狗或小偷壓著胸口，讓她幾乎無法說話或呼吸。」

睡眠癱瘓有兩大主要的生理特徵：身體癱瘓和窒息感。更令人害怕的是，這些體感通常伴隨著一種入侵者在附近的不祥感，或有野獸蹲在你胸口的幻覺。且讓我們來看看，神經科學如何解釋這些同時發生的現象。

睡眠時的身體癱瘓能確保我們睡著時的安全，否則夢境便可能「成真」，我們會做出同逼真夢境裡一樣的動作，正如我們在夢境實演行為（dream enactment behavior）患者身上所見。此疾病是一個人的大腦處於睡夢中，但身體卻是清醒的（第 5 章將進一步說明），因此，他們會在睡夢中踢打、掙扎和呼喊。另一方面，睡眠癱瘓恰好相反，是人的大腦已經甦醒，但身體卻處於沉睡和癱瘓的狀態。換句話說，你被困在自己的身體裡。

我們在睡眠癱瘓期間會有窒息感和覺得胸口受到重壓，主要歸因於睡眠中有些肌肉會癱瘓，有些則不然。橫隔膜是我們用來將空氣吸入肺部的主要肌肉，它不受睡眠期間肌肉癱瘓的影響，因此，我們能在睡覺時保持呼吸。但肋骨之間和頸部的呼吸肌肉會處於癱瘓狀態，此部分的肌肉可大幅擴張胸腔，加深呼吸；我們在跑步上山時，會用到這些呼吸的「輔助肌肉」（accessory muscle）—— 還有在想到蟄伏的邪祟而感到恐懼時。輔助肌肉癱瘓時，人會感到恐慌、喘不過氣，即使大口呼吸也無法吸入足夠的空氣。我認為，窒息感正是由此而來。

　　從各族群和文化的記述可知，睡眠癱瘓最常見的元素是感覺有潛伏的入侵者。引發此種奇特且強烈現象的腦部區域，可能是位於耳朵上方和後方的顳頂交界區（temporoparietal junction），在大腦中緊鄰顳葉和頂葉區域，被刺激時會引發一連串獨特的現象。顳頂交界區過度活躍時，會導致精神分裂患者將自己的行為歸因於他人；但清醒開顱手術提供了最有力的證據，顯示出了此腦部區域的作用和影響。

　　以微電流刺激顳頂交界區時，會誘發附近有可疑人物的錯覺。一名二十二歲女性癲癇患者進行清醒開顱手術的案例研究中，患者左側顳頂交界區受到微電流刺激後，產生了有人在她身後的錯覺[5]。接著又重複了兩次微電流刺激，躺著的病人每次都感覺到有名男子潛伏在附近。隨後，女性患者在又一次的微電流刺激後坐了起來，雙手抱膝；她表示這名男子現在將她摟在懷裡，讓她感覺很不舒服。當這名女性患者被要求拿著題卡進行語言測試時，她表示此名男子試圖從她手中奪走卡片。她不僅察覺到房裡有另一個人，還認為他的行為出於敵意。

據我們所知，顳頂交界區透過觸覺和回饋，讓大腦能定位身體的位置、疆界和他人的身體位置。**睡眠癱瘓時之所以會出現可疑人物，很可能是腦部此區域受到電擾動（electrical disturbance）影響，在我們想像的身體的模糊邊緣，創造了令人毛骨悚然或惡意的「他者」。**

最後一部分，亦是睡眠癱瘓最難解釋之處，也就是幻覺，例如：我們在半夢半醒間看見的妖魔鬼怪、夢魘和魅魔、幽靈和外星人等。目前科學上仍難以解釋此現象，研究也充滿難度。若容我大膽假設，我會認為，這可能因為我們在醒來時，神經傳遞物質血清素和其他激發性（arousal）神經傳遞物質之間，出現了不協調或不同步的問題，導致了睡眠癱瘓時出現幻覺等現象，類似於由血清素調控的強烈迷幻體驗。

眾所周知，血清素是可透過抗憂鬱劑「選擇性血清素回收抑制劑」（selective serotonin reuptake inhibitor，SSRI）提升的神經傳遞物質。然而，血清素的主要功能與憂鬱或情緒無關，而是促進清醒和抑制快速動眼睡眠。睡眠期間，血清素含量會降至零；但當我們清醒，血清素便會恢復水準。

當然，睡眠癱瘓並不單純是一種生理現象。正如做夢的大腦為了感覺連貫性和安心而編故事一樣，**對於睡眠癱瘓所經歷的奇特又駭人的感覺，我們的大腦也會試圖賦予其意義。**此時，文化和信仰便會發揮作用，這聽來也許難以置信，但做夢者的成長之地和信仰，對於睡眠癱瘓經歷影響深重。義大利或埃及等地的民間傳說，將睡眠癱瘓歸咎於邪惡女巫、惡魔或其他邪惡力量，若你生在當地，比起在沒有此類傳說之地長大的人，你的睡眠癱瘓經歷將截然不同，甚至可能更糟——心態決定了一切。

試想，你醒來時身體處於癱瘓狀態，並認為是因為附近有邪祟作祟，或身體不適是因為邪惡力量攻擊所致，恐慌程度顯然會大大增加。而你在恐慌之中，呼吸也許會更困難，胸口更感窒悶，使得經歷更加痛苦。

所以，若你在睡眠癱瘓中醒來，該如何是好？我們應當如何應對窒息感、胸口的壓迫感、幻覺和恐懼？生活中畢竟少有如此可怕的經歷，關鍵就在於，**你得利用清醒的腦袋來克服所接收到的、令人驚懼的超現實訊號。**既然頭腦創造了恐懼不安，我們亦可靠腦袋來消除它，降低害怕時的恐慌和「戰或逃」反應。

經歷睡眠癱瘓時，不要試圖移動，提醒自己眼前發生的事並無害，只是暫時的，無須害怕。最好閉著眼告訴自己，你在房裡感知到的任何存在都是想像。專注於內在與正向事物的冥想也有所幫助。

◉ 如何減少惡夢？

讓我們回來談談本章開頭提及的案例。茱莉亞在經歷惡夢後，有時會全身顫抖地驚醒，或滿臉淚水地醒來。隔日，她會感到焦慮，而夢裡的強烈情緒會一直伴隨著她。

惡夢是情緒或情節最激烈的夢，也最令人印象深刻且難忘。因此，它們通常會在白天時引起焦慮，就像茱莉亞的情況一樣。大多數人在做完惡夢後隔天，通常感覺會更焦慮，心理狀態也不如沒有惡夢的夜晚那麼穩定。根據一項護理人員的睡眠日記研究顯示，護理人員歷經高壓的一天過後，更容易做惡夢；而做惡夢後隔天，也更容易感到壓力。換句話說，**人可能會陷入惡夢和壓力相互影響的惡性循環。**

對於惡夢連連的情況，常見的反應是完全迴避睡覺。畢竟，只要不睡著，就不會做惡夢了。遺憾的是，這種自發性的失眠只會進一步擾亂我們的生理時鐘，導致更多的惡夢。既然如此，我們該如何因應那些並非由創傷引起的頻繁惡夢呢？

首先，我們必須謹記，夢境展現了人非凡的想像力。而惡夢作為我們最複雜的夢境，可謂想像力的終極發揮。我們做夢時，注意力轉向內在，大腦的想像力網絡會被啟動，但這不代表它可以自主運作。夢是大腦的產物，受到我們心境的影響，**這意味著我們也許能夠左右自己的夢境。**

研究證明，我們能透過「自我暗示」（autosuggestion）或「孵夢」（dream incubation）的過程，來引導夢境朝特定方向發展；其中的運作原理是：在入睡前說出「我想夢見……」。更進一步的方法是，在腦海中想像你想夢到的人或問題，或在床頭放一張想夢見的人或事物的照片。夢是高度視覺化的經驗，只要在入睡前進行上述這些操作，便能更有效引導夢境內容，使你更主動參與和控制自己的夢境經歷。

　　焦慮和壓力會引發惡夢，因此，**降低白天焦慮的療法和其他技巧可減少惡夢發生的頻率**。另外，由於夢反映了我們的情緒狀態，因此，冥想或瑜伽等平靜心情的睡前儀式也被認為有所幫助。若我們能在睡前轉換自己的心情，為夢境內容做好準備，便很有機會使夢境朝著希望的方向發展。

　　茱莉亞一生惡夢連連，夢境充滿暴力，使她本該寧靜的生活飽受困擾。她在友人建議下去看了一位治療師，學習認識「意象預演療法」（Imagery Rehearsal Therapy）。此療法主要透過改寫惡夢，來消除其負面影響。意象預演療法通常由訓練有素的專業人士指導，分為兩步驟，包含四次療程，每次持續兩小時。前兩次療程深入探討惡夢對睡眠的影響，以及惡夢如何演變為習得的行為；後兩次療程則教導患者利用白天的意象和預演，來徹底改寫惡夢。面對夢魘如此深刻難解的問題，光用意象預演療法來處理，聽來也許過於簡單。但此法經過精心設計的研究嚴格檢驗，顯示出療程結束後對患者長遠的好處。

意象預演療法需要茱莉亞回想她反覆出現的夢魘，將原本暴戾駭人的情節改寫得更愉悅、甚至幸福，並在清醒時不斷向自己重複新的故事。結果證明，我們破除夢魘的方式也透露了惡夢的起源。**惡夢如同我們所有的夢，都是想像力的產物。創造惡夢的想像力同樣可用來破除夢魘的可怕魔咒。**我們可以用更陽光的版本來對抗原本狂野和黑暗的想像。患者透過意象預演療法，盡可能地納入更多具體細節，可重寫或想像出全新、更正向的夢境情節。

茱莉亞決定針對一個特別讓她困擾、反覆出現的夢魘嘗試此技巧。這個惡夢和其他惡夢一樣，最初一切都很正常，她和摯友漫步在西班牙南部一個風景如畫的小鎮。突然之間，情況惡化，炸彈開始落下，場面混亂，血雨腥風。茱莉亞和友人驚慌失措，試圖逃離，但始終找不到出路。茱莉亞運用意象預演療法，改寫了她的惡夢劇本。她依照治療師的建議，加入了嗅覺、觸覺和味覺等感官細節。茱莉亞重新想像的新情節以同樣方式開場，她與友人一同在美麗的西班牙小鎮散步，但這次沒有炸彈轟炸老屋，而是她和朋友出城健行，坐在芬芳馥郁、林木翁鬱的公園裡，感受著暖風吹拂臉龐。茱莉亞打出了這個更令人心情暢快的新版本，且連續數星期、每天下午讀給自己聽。她在讀自己寫的內容時，同時也在腦海裡生動描繪出重寫的夢境。

一開始，茱莉亞抱持懷疑，這麼簡單的辦法真能平息她的惡夢嗎？出乎她意料的是，意象預演療法果真奏效了。

她試著用相同方法來處理困擾她的其他惡夢。其中有個惡夢是一名男子於晚間空蕩蕩的街上尾隨她，而在改寫的夢境劇本裡，他不再是為了傷害她，而是試圖歸還她丟失的物品。茱莉亞的惡夢在新情節中仍以相同方式開場，但結局變成了溫和、愉快的內容。自從採用了意象預演療法，茱莉亞四年來便鮮少再做惡夢。

到頭來，茱莉亞的惡夢究竟源自何處，始終沒有解答。她的生活基本上少有可能引發惡夢的焦慮和壓力；她也未曾提及自己有憂鬱的情況，或生活中曾遭遇創傷，這些因素都可能會引發惡夢。如我們將於第5章所見，成年開始惡夢頻頻，有時可能暗示了嚴重的健康問題，但茱莉亞的情況似乎並非如此。她從小時候就開始常做惡夢，如此強烈的認知過程在她年幼時旺盛活躍，但成年後從未沉寂下來。茱莉亞也許只是那些童年夢魘從未消失的人之一。

清明夢對長期受惡夢所苦的人，也有類似意象預演療法一樣的效果。所謂的清明夢，即人在夢中但意識清醒，知道自己正在做夢（詳細說明參見第6章和第7章）。**清明夢者無須預先重寫夢境內容，而是可以在做惡夢時即時改變夢的走向。**研究顯示，清明夢不僅能減少惡夢發生的頻率，還可以讓惡夢變得不那麼可怕。清明夢的研究學者也發現，雖然並非每個人都能在惡夢中做清明夢，但整體而言，受試者表示他們的惡夢減少了，而且惡夢本身也發生了變化。也許光是相信惡夢可以被克服，這一點就足以帶來改變。

值得注意的是，減輕創傷後壓力症候群所引起的反覆惡夢，是截然不同的一項挑戰，這些惡夢不像茱莉亞的夢魘是源自於做夢者的想像，而是來自創傷經歷。**創傷後壓力症候群患者的惡夢，基本上是睡眠時大腦記憶的重現。**創傷夢（trauma dream）主要基於現實，因此可能比典型的惡夢更令人痛苦，而且不能單純視為令人煩擾的假想產物。想打破由創傷引發的惡夢模式格外具挑戰性。有種藥物有助於減輕恐懼和驚嚇反應，雖能發揮一定程度的效果，但無法完全解決問題；而且，此種藥物具有常見的副作用，包括頭暈、頭痛、嗜睡、無力和噁心。

新墨西哥大學的貝瑞・克拉科夫（Barry Krakow）決定看看意象預演療法能否像治療一般惡夢一樣，減輕創傷後壓力症候群引起的反覆惡夢[6]。他以罹患中度至重度創傷後壓力症候群的性侵倖存者為研究對象，嘗試了此種方法。受試者總共接受三次療程，每次三小時。首先，他們了解到，惡夢最初可能有助於他們從情緒上處理創傷，但現在不再有用；接著，受試者被告知可以像針對習慣或習得行為一樣鎖定惡夢；最後，他們選擇一個惡夢，並根據自己的意願改寫它，然後每天花五到二十分鐘，在腦海設想演練修改後的夢境。受試者也被告知避免談論創傷或惡夢的內容。克拉科夫和研究團隊追蹤研究對象三個月和六個月，結果發現，修改重寫並演練這些改編的惡夢，有助於減少做惡夢的次數，並改善睡眠品質。

乍看之下，做惡夢似乎毫無價值，它們令人不快，對我們的清醒生活似乎毫無用處。惡夢雖然惱人，卻不僅僅是小煩擾如此簡單。它們在我們童年時就已出現，並深植於我們的神經生理結構之中。**它們以生活經驗難以企及的方式培育年輕的心智，幫助我們定義自我，成為與他人有別的獨立個體。惡夢藉此方式形塑我們的心智，而正如下一章關於春夢的內容所見，心智也能形塑大腦。**

chapter 03

春夢：慾望的體現

春夢（erotic dream）是人類天性的一部分，即便我們想阻止，也阻止不了。春夢不會因更年期而結束，化學去勢也不足以消除春夢。**無論有無性行為、禁慾、已婚或單身，人人都會做春夢。**

根據全球人口調查，90% 的英國人、87% 的德國人、77% 的加拿大人、70% 的中國人、68% 的日本人和 66% 的美國人都曾做過性夢（sexual dream）。若以廣義的春夢而言，而不僅限於性夢的話，回答比例將會躍升至 90% 以上。惡夢是另一種普遍存在於所有人的夢境，兩者對我們清醒時的生活影響如此深重，也許有其存在的意義。

據估計，每十二個夢中就有一個包含了與性相關的意象。各研究間雖存在些許分歧，但春夢中最常見的意象依序為接吻、性交、激情擁抱、口交和自慰。接吻排名第一，算得上合情合理，**畢竟當我們繪**

製大腦皮質的感覺分布圖時，會發現舌頭和嘴唇佔據了不成比例的大面積。

無論是關於接吻或其他情境，春夢都令人難以忽視。春夢能讓我們因高興而臉紅，也可以讓人妒火中燒；春夢也常使人心緒不寧，夢見與前任發生性關係意味著什麼？伴侶做了關於別人的春夢該怎麼辦？你應該擔心自己或伴侶做的夢嗎？春夢是否透露了我們的真實慾望？

● 春夢是另一種形式的想像

從關係狀態對春夢的影響來看，會發現單身男性比起穩定交往中的男性，做春夢的頻率更高。另一方面，女性在想念伴侶或熱戀時，更常做與性相關的夢；但男性在這些情況下，並不會比較常做春夢。不過，不論男女，大家的夢境生活都有一個共通點：**幾乎所有人都會在夢裡出軌。**

對此，該作何解釋？身為夢境的創造者，我們選擇了自己夜間劇場的演員、舞臺和情節；我們所召喚的夢境，是自己的感官創作。在夢中出軌是否意味著我們渴望不忠，或至少對不忠持開放態度？倘若春夢不是我們未經過濾和釋放的慾望，那它又代表什麼？

思及此，我們得先了解春夢是什麼，和它們如何產生。一如所知，**所有夢境都是我們想像力和想像力網絡的產物，是視覺化、帶有情感的敘事，不受我們清醒時的規則和邏輯約束。**人在做夢時，大腦的執行網絡處於閒置狀態，但想像力網絡無拘無束，可自由地穿梭在我們的記憶和生活周遭的人之間，尋找鬆散的關聯與聯繫。以不同眼光看待事物，有助於我們理解過往經歷，甚至讓我們對未來有更清楚的認知和期望。而夢境中隨心所欲的心智，能讓我們探索清醒時難以想像、或想也想不到的情境，也可能會讓我們以意想不到、不安、甚至有色的眼光看待生活中的人。

人在睡夢中時，講究邏輯的執行網絡關閉，因此我們無法阻止這些情色幻夢產生，而且它們也不受任何評判，甚至包含我們自己的在內。在夢裡，我們可以想像現實生活中被視為禁忌或匪夷所思的性接觸場景。根據研究人員彙整的夢境報告，正好顯示出我們在夢中多麼自由開放。**春夢通常不會重現我們清醒時的性生活。**事實上，若人處於戀愛關係中，所做的春夢甚至多半與現任伴侶無關；反之，人做春夢時，往往更偏好雙性戀或新穎的招式、體位。

在夢中，我們可以隨心所欲地與任何人在一起。既然夢裡如此自由，我們渴望的又是誰？答案可能會讓你大吃一驚。在桃色夢境中，我們不會想起完美的性伴侶，不會融合各種理想化的特徵，創造出某個終極的夢幻對象。**我們的幻想對象通常是更貼近實際生活的人，往往是那些平平無奇、甚至也許是我們厭惡的人。**這就是為何春夢經常涉及熟人，像是前任、老闆和同事、朋友和鄰居，甚至是兒時的家人。五分之四的春夢與做夢者熟悉的人有關，而這些情色夢境通常也都發生在熟悉的地方。

承上思路，這也表示「性惡夢」（sexual nightmare）確實存在。夢見與陌生或反感的人發生怪異的性行為，這些夢境想來也許令人難堪或困擾，但這也可能是想像力網絡在探索其他的社會認知，或是在性愛情境下展現的權力動態。

當然，春夢也可能涉及名人和其他公眾或歷史人物。為此，我們得感謝荷莉·貝瑞（Halle Berry）神經元。神經外科醫生和科學家攜手合作的數項重大學術研究發現，人具有專門的神經元來辨識自己最熟悉的人和地，包括家庭成員、兒時的家、名人和知名地點等等。例如：我們可能有一個神經元對雪梨歌劇院或艾菲爾鐵塔有反應；同理，我們也有對特定名人有反應的神經元。

英國萊斯特大學的羅德里哥·奎安·基洛加（Rodrigo Quian Quiroga）教授在研究癲癇手術患者時，發現了此一驚人的事實[1]。癲癇患者在手術前於大腦皮質植入了極細的微電極，這麼做主要是為了偵測電流訊號，因為腦細胞活動時通常會產生一波波的電流活動，而癲癇會干擾腦電波活動。

癲癇發作猶如腦內發生雷暴，異常的腦波壓制了正常的大腦活動。藥物通常能抑制癲癇發作，但若無效的話，患者可選擇接受手術治療。不過，為了確保手術的效果，必須先確定癲癇發作的起源〔又稱「癲癇起始區」（ictal onset zone）〕以及傳播路徑。為了弄清楚這一點，需要進行腦細胞定位（brain mapping），患者必須在醫院待上數天至幾週，接受腦電波監測，直到癲癇發作。一旦確知了癲癇從哪裡開始發作和腦內的傳播路徑，便能透過手術切除病灶區，來阻止癲癇再次發生。

基洛加的研究中，顱內電極被植入到患者的內側顳葉上。此處被認為是癲癇的起始區，位於耳朵頂端的上方和前方，靠近大腦中間。海馬迴和杏仁核是我們腦部與記憶相關的兩大關鍵結構，均位於內側顳葉。

基洛加想觀察單一神經元的活動，於是利用了植入的微電極和「單一細胞電生理記錄」（single-cell recording）技術。他透過來自顱內電極的訊號，來觀察單一神經元是否有所反應。此舉好比觀察海洋中一個單獨的波浪，而非潮汐。在此之前，加州大學洛杉磯分校進行的單一細胞電生理記錄顯示，內側顳葉中受到微電流刺激的單一神經元，可以辨別臉孔和無生命物體，並能區分特定的情緒表情，例如：快樂、悲傷、憤怒、驚訝、恐懼和厭惡等。

基洛加透過單一細胞電生理記錄展示了一件令人驚奇的事：**單一神經元選擇性地對名人照片產生反應**。其中一名患者的單一神經元對美國演員荷莉·貝瑞的照片有所反應，但不理會其他人物或地點的影像；即便是貝瑞穿著戲服或僅顯示她名字的圖片，此神經元也有反應。另一名病患的單一神經元則是對珍妮佛·安妮斯頓的照片有反應，而忽略其他名人、非名人、動物和建築物的照片。

單一腦細胞對名人照片的反應，顯示出了名人在我們生活中的巨大影響。這很有趣，**名人切切實實地深植於我們的神經結構，從大腦對他們的反應可知，他們對我們而言，猶如老友或鄰居一般熟悉。**他們在我們的大腦中實際佔據了一個神經元的位置，所以，我們亦可合理推論：涉及名人的春夢亦可歸屬於夢見熟悉的人。

無論是夢見鄰人或名人，春夢是否有意義？若有的話，它們傳達了什麼訊息？

這些問題的核心在於，我們的夢境角色與真實自我之間的關係，以及我們的夢境與現實世界的關係。若夢境精確反映了我們清醒時的生活，而夢中的自我與清醒時的自我並無二致，那無論我們在夢中做什麼，都是我們醒時會做或想做的事。若是如此，夢境只是我們日常生活的延續，那我們的夢境報告和每天的日記應該差別不大。

但就我們所知，事實並非如此。所以，清醒時和做夢時的自我之間，連結究竟多緊密？又是什麼引發了我們的春夢？

● 春夢的產生？

長久以來，研究人員一直試圖找出我們清醒時的行為與春夢之間的可能關聯。他們進行訪調，詢問受試者關於性事、戀愛關係的幸福程度、是否善妒、醒時的日常行為和個人特質等問題；甚至要求受試者在睡眠實驗室過夜時，於睡前觀看色情片，試圖誘發春夢。結果令人驚訝，春夢無關乎你的性生活多活躍，也與你是否自慰無關，甚至也與看了多少色情片無關。**春夢的最佳預測指標是，我們清醒時花多少時間沉浸於情色幻想上。**

想一想，這多麼耐人尋味：滋養我們旖旎夢境的，不是清醒時的作為，而是所思所想。

可是，為何春夢會與我們的白日夢有關係呢？為何不是與實際的性行為有關？思考這些問題時，別忘了我們夢境敘事背後的創意引擎：想像力網絡。我們在清醒時，想像力越勃發，越常做白日夢，夜晚便大有可能擁有創意十足的夢境。同理，若清醒時性幻想越活躍，晚上就越可能做春夢。

然而，白日的性幻想和春夢之間有一重要差異。白天幻想時，這些情色思想會受限於執行網絡的約束，使性慾受到壓抑。然而，當我們在睡夢中，醒時對性幻想的調節抑制便消失了，使春夢變得極具創造力且勇於探索。

若說白日幻想是我們渴望但難以實現的性憧憬，那春夢便像是好色的思想實驗。有些想法在日間或即便是最開放的幻想中從未出現於腦海，但晚上在夢中，我們可以轉換性別或成為雙性戀，恣意探索不同的性別角色和性行為。這不見得就如心理學家西格蒙德·佛洛伊德

（Sigmund Freud）所指，夢反映了我們內心深處的潛在慾望；**但這些夢也許是讓性別流動和創造力得以發展的認知平臺，有利於整體人類物種。**如前所述，夢境中存在的「未知數」幫助我們成為能夠應變且適應力更強的物種，以因應需要創意和生存韌性的黑天鵝事件。春夢的創造力和冒險精神使慾望具有可塑性，幫助我們隨著環境變化而調整，在面臨不同挑戰時依然能保證繁衍的可能性。若半數部族因疾病或被殺害而滅絕，**這樣的春夢也許有助於我們的祖先做準備，在部族內建立新的關係和親密接觸。**這也可能解釋了為何春夢通常集中在「生活圈內」的人，而不涉及外部陌生人。雖然夢中出現的角色並不新奇，但夢裡的互動往往充滿新意。

由此可見，春夢不單單反映了我們的真實慾望，而是將這些內心深處的渴求和需求生動具體地展現於夢境之中。我們在夢境中能進行各種對性的探索，根據不同的情境和經歷調整、改變性偏好或傾向，理解和接受各種不同的性衝動。別忘了，生存和繁衍是生物的基本使命，當我們憶起這一點，一切也就顯得合情合理。**這些機制都是為了確保我們能活得夠長，以繁衍後代，保證物種的延續和發展。**

● 春夢比性行為更早發生

十二歲的伊茲七年級時開始夢見與名人親熱或戀愛，於是，她開始記下自己的夢境。她一直持續記錄到二十二歲，總共記下了四千三百多個夢，並將其捐贈給夢境暨夢境研究線上資料庫「夢境銀行」（DreamBank）[2]。伊茲除了偶爾夢見家人之外，她的日記也詳細記錄了一長串因迷戀同學或演員而產生的夢。十三歲時，她夢見自己是一名男孩，並與她一位女生朋友發生關係；十七歲時，她夢見自己在電影場景中與一名男子發生親密關係。

有趣的是，伊茲告訴研究人員，她在二十五歲之前，從未有過任何性經驗。為何沒有過親身經歷的伊茲卻先做了春夢？難道她做春夢是在重塑大腦的認知線索，以準備迎接性經驗的發生？

要回答這些提問，得先釐清大腦和心智之間的差異。當我提到大腦時，指的是它的實體結構，即構成了四磅重思考實體的各個腦葉。心智則有所不同，係指從大腦實體結構產生的非物質現象，包括了腦葉之間的連結和協調、神經元的訊號傳遞等等。大腦有如一張城市地圖，顯示了街道、建築、電網和地鐵隧道等；而心智則是人和車輛從事不同活動的運動，並構成了生命。抑或，換作以電腦打個比方，實體大腦即為硬體，心智則為軟體；但有別之處在於，電腦軟體是從外部開發並下載至硬碟上，心智和大腦則是彼此交織、密不可分。大腦創造了心智，但心智也能改變其起源的大腦，兩者相輔相成，相互影響。**心智形塑了大腦，又源於大腦的活動。**

有鑑於大腦與心智的互動關係，春夢似乎不僅揭露了我們當下的經歷，也驅策了我們必要的經歷。接下來，讓我們更加深入地探討這一點。

　　人出生時，大腦只算得上是入門套件，是需要經驗和學習才能發展的半成品。我們出生時的神經元比成年時還多，但只有有用的神經元才會被保留下來。經驗會「修剪」閒置的腦細胞，並擴展我們使用的神經元之間的分支連結。如果一名兒童在學鋼琴，涉及樂器演奏的腦部區域便會產生變化，主要是運動皮質系統，但聽覺系統和連接大腦兩半球的胼胝體（corpus callosum）也會改變。換句話說，持續使用的腦部區域會蓬勃發展，而其他部分則會退化。**「用進廢退」（Use it or Lose it）是大腦的基本法則。**

　　皮質是腦部最外層薄薄的神經組織，我們的五感各有對應的大腦皮質區。聽覺位於聽覺皮質，味覺位於味覺皮質，嗅覺位於嗅覺區，視覺位於枕葉皮質，觸覺則位於感覺皮質。但是，我們在青春期時，也會從大腦中較鮮為人知的生殖皮質區衍生出另一種感覺。生殖皮質是感覺皮質的延伸；而感覺皮質則是一連串皺摺的腦紋，從耳朵頂端一路延伸至顱骨頂端。

　　生殖皮質是性器官在大腦表面的感覺區域和地圖，在每個人的大腦都有一特定位置，沒有性別之分，而且在我們腦部的地形圖上都可持續察覺。換句話說，從生物學角度來看性吸引力，我認為眾人生而平等，所有人都具有相同的基本生理條件能夠感受性興奮。

　　以最微小的電流刺激生殖皮質上任一處，都會引發與性相關的想法。例如：一位患者在靠近生殖皮質和生殖皮質上的區域接受了微電流刺激，以繪製大腦地圖，結果他在數名研究人員在場的情況下表示：「我無法解釋，這感覺很爽、有點色情。」

正如近期研究顯示，其實不僅是生殖器可向生殖皮質發送訊號，許多其他部位的**撫觸**也可能讓人情慾勃發，像是乳頭、胸部、背部某些區域、大腿，甚至腳趾。因此，生殖皮質更準確的名稱也許是「敏感帶皮質」或「情慾皮質」，以涵蓋任何肉體歡愉的感官體驗，包含任何接觸、部位或各種意圖和感知。

「性夢」這一連串異乎尋常的神經發育事件發生，隨後透過撫觸喚起情慾的腦部區域擴張，這些事件都發生在我們從事性行為之前，**這強烈暗示了心智其實可能開創並培育了腦部的發展。**如今，我們越來越能證明，部分情況下，人的思想和情緒可透過「活動倚賴型髓鞘形成過程」（activity-dependent myelination），來形塑大腦。

簡單來說，當我們反覆以特定方式思考，或習慣性地以特定方式行事時，腦中的神經元迴路就會嘗試用絕緣體（即髓鞘，myelin）來包裹神經元伸展出來的長條結構（即軸突，axon），藉此提高訊號傳遞效率，好比家中電線外覆的橡膠套一般。髓鞘由特殊脂肪──omega-3脂肪酸組成，此種脂肪是所謂的「好脂肪」，可加快電流傳遞和傳播速度。活動倚賴型髓鞘形成過程，對於心智改變大腦結構至關重要。

基於上述發育事件的順序來看，春夢發生，隨後浮現喚起情慾的觸覺感受，由此可簡單假設：**春夢促進了青春期前生殖皮質的形成，**

藉此塑造大腦；隨著生殖皮質的成熟和功能化，我們對性刺激的感知能力增強，也對撩人愛撫產生反應。**最終，個體產生情慾後，便會釋放出荷爾蒙，促進性器官的成熟和整個身體的性成熟。**

● 大腦是最強大的性器官

春夢無疑令人感到歡愉。在一項針對中國大學生進行的調查中[3]，下列陳述獲得了壓倒性的正面回應：

- 有時我希望自己沉浸在春夢中，永遠不要醒來。
- 做春夢時，我感到幸運。
- 從春夢中醒來後，我感到悲傷，因為發現那只是一場夢。
- 從春夢中醒來後，我試圖用幻想延續夢境。

夢裡的性幻想為何會對情緒和情慾造成如此強烈的影響？這些遐想不過都是我們意識控制之外、單獨的假想事件，似乎不至於帶來如此大的影響，但事實恰恰相反。

可能的答案只有一個：春夢之所以如此有力，是因為**大腦是我們最強大的性器官。**

春夢不僅能反映或釋放我們的情感、想像和性慾，還能帶來媲美真實性愛的強烈快感。我甚至認為，春夢在某些方面也許比真正的性愛更好。且來看看關於春夢的神經解剖學。

不過，首先要澄清一點：男性和女性做夢時，身體都會感到興奮。睡眠期間的生理激發（physical arousal）基本上與夢境本身無關。即使心智不在活躍狀態，身體也能被激發。即使是嬰兒，在睡著時也會出現解剖學上的充血現象，無人清楚箇中原因。

　　做春夢時，大腦並未接收到任何撫摸或被撫摸的訊號，春夢僅發生在腦內。即便如此，超過三分之二的男性和超過三分之一的女性表示，他們只因為做夢就達到了性高潮。

　　人在做春夢時，心智有何變化，使春夢具有如此強烈的性潛能？為了找到答案，我們得反過來思考：實際發生性行為時，大腦發生了什麼事？

　　情色活動和性行為利用了神經系統中每一絲神經纖維，包含了中樞神經系統，即大腦和脊髓；周邊神經系統，即從脊髓到皮膚每一毫米的神經；和自律神經系統。自律神經之所以稱為「自律」，是因為它不受大腦意識控制，負責掌管全身各種機能運作。自律神經遍布於我們的五臟六腑，像是肺、腹部和骨盆，由交感神經和副交感神經組成。交感神經能啟動戰或逃反應，向身體組織注入腎上腺素，提高心率，暫停消化系統運作；副交感神經則是讓心率和腸道恢復正常，平衡戰或逃反應，讓身體感覺休息和放鬆。自律神經系統主要分布於我們的核心、胃部、胸部和骨盆。這也許說明了為何高潮感覺如此發自肺腑、爽快且深刻。

　　性交過程中，周邊神經、交感神經和副交感神經系統全都會發送訊號至大腦。更重要的是，大腦會解讀這些訊號。試想一個簡單的碰觸，即便是在相同部位、以相同力道和方式觸摸，大腦也可能將其視為無關緊要，或解讀為興奮顫抖、愛撫。事實上，具體觸摸哪裡並不重要。**不論身體哪個部位，都能感到撩撥，因為大腦決定了性的吸引力。**它控制了我們是否感覺受吸引、呼吸是否加速、心跳是否加快，或是否產生慾望。

　　此外，在性行為的過程中，位於大腦深處、蛋形的視丘會傳遞周邊神經系統經由脊髓傳來的性暗示。內側前額葉皮質是想像力網絡最晚發展的區域，涉及社會認知和故事的貫串，它會對情色刺激進行分類，在體驗中加入幻想，以豐富的想像力來釋放更多情慾刺激。而杏仁核不僅負責我們本能的恐懼反應，也賦予性經驗等任何體驗情感上的意義。

　　現在，讓我們回過頭來談談春夢。人在做春夢時，身體是沉寂的，周邊和自律神經系統不會向大腦發送訊號。別忘了，雖然在最生動逼真的夢境中，自律神經系統依然維持運作，但頸部以下協調運動的肌肉基本上是處於癱瘓狀態。大腦不會對身體的任何訊號做出反應，而是在演繹自己的想像。換句話說，**大腦在夢中並不依賴身體訊號來建構夢境內容，因此無須去理解或解讀任何來自身體的訊號。**雖然我們認為身體和大腦是彼此的延伸，在諸多方面也確實如此，但在睡夢中，大腦可以且多半確實是自主運作的。

一如春夢所顯示，大腦根本無需身體的參與，即便沒有來自外部的感官刺激或身體反應所傳送的訊號，大腦亦可創造自己的舞臺、角色和行動。心智本身就是敏感帶，夢只需要有大腦，便可追求肉體的歡愉，不需要實際身體的加入。這正是無刺激認知的另外一例。

若這一切聽來難以置信，不妨試想我們感知和回應世界的其他方式。以視覺為例。清醒時，我們用雙眼感知視覺世界，水晶體和角膜共同作用，將光線聚焦於眼睛後方的視網膜上，於眼睛後方形成左右相反的物體鏡像。單眼視角也略有差異，只要輪流閉上單邊眼睛，就不難發現這點。物體反射光經由兩眼投射，形成略微不同的成像，再由視神經傳遞給大腦，由視覺皮質處理成單一、清晰的外界視野。沒有大腦，我們便目不能視。

春夢也大同小異，大腦可以在毫無外在感官的刺激下，創造並感知到全身的快感。**我們在夢中感受的性愉悅和其他情慾快感，其實無異於實際的體驗，因為對大腦而言，兩者並無區別。**大腦不會經歷真假高潮；對大腦來說，高潮都是真實的。而且，由於我們做夢時，情緒和邊緣系統的活躍程度能夠超越清醒時的水準，因此可以合理推斷，夢中的性高潮，也許能帶給我們清醒時的性行為無法達到的情感高峰。

● 從春夢看戀愛關係

根據神經科學和夢境日誌顯示，出軌的夢境不太可能是人想要外遇的訊號，更可能是想像力網絡在發揮作用。**夢中出軌也許只是好奇心和性興奮的表現，並不代表想要脫離關係。**

探索不同性取向的夢，也不見得就是秘密或壓抑慾望的象徵；同樣地，這更多是好奇心、性慾和想像力的展現，或大腦為物種繁衍做準備的方式。

即便如此，春夢仍可以向我們透露諸多訊息，如當前戀愛關係有多穩健，或我們是否早已放下過往伴侶，但也許不是以我們期望的方式。春夢會引發強烈的慾望、嫉妒、愛、悲傷或喜悅等情感，這些感覺有時劇烈到足以影響我們隔日對伴侶的感受。如同在夢中的感覺，大腦將這些情緒視為真實。研究人員發現，夢中與伴侶發生爭執，往往會導致兩人第二天的衝突。

在不健康的關係中，夢見出軌與隨後幾日愛戀和親密感下降有關。不過，在此必須強調，愛戀和親密感減低的情況，只會發生在不健康的關係；健康的關係中，夢見出軌影響並不大。

我們清醒時對伴侶的感覺也會影響夢境。白天時的嫉妒情緒會導致出軌的夢，反過來又會影響做夢者與伴侶的互動。在此情況下，夢境與現實似乎在惡性循環中交互影響。

一份大學生的問卷調查[4]發現，若他們對自己的伴侶吃醋，便更可能夢見出軌，結果第二天對伴侶的親密程度便可能下降。若現實生活中曾發生過伴侶不忠的情況，他們也更可能夢見伴侶出軌。根據此項研究，春夢中對另一半的負面情緒，很可能透露了你對對方的真實感受。由此可知，**做春夢時出現的情緒，遠比夢境敘事本身更重要**。對所有夢境而言，這一點大致適用。原因在於，負責掌管情緒的邊緣系統在夢中處於高度活躍狀態，這些結構驅動著我們的情感；換句話說，**夢境中的情感反應是解讀夢境意義的重要指標**（詳細內容將於第9章探討）。

歸根究柢，夢見現任伴侶的春夢究竟是好是壞？答案似乎得視情況而定。若一段關係進展順利，夢見伴侶的性夢很可能在第二天帶來更親密的感受；倘若關係不順，性夢也許會讓隔天的親密程度降低。原因為何目前尚不清楚，有一說認為，可能是春夢與關係出問題之間的落差，導致了更大程度的不滿。

你或伴侶夢見自己外遇，並不代表那是任何人的真實想望。即使醒來時可能感到心神不寧或心煩意亂，但請謹記，夢境的設計是為了促進我們不同的思考面向，包括性生活在內。雖然健康的關係確實有助於緩衝夢見出軌的負面影響，但重點不在於我們或伴侶的春夢內容，而是我們對這些夢的反應。

春夢不僅可為我們提供當前關係的線索，還能透露關於過往關係的訊息。即便前任消失在我們生活中許久，仍可能會出現在夢中。夢境銀行一名捐夢者芭芭・桑德斯（Barb Sanders）在離婚二十年後，依然有約5%的時間會夢見她的前夫[5]。我們夢見現任伴侶時，通常是夢見兩人一起從事某項活動，但關於前任的夢多半是春夢。你也許會心想，這是否表示我們仍渴望前任？但根據多項研究顯示，事實恰恰相反。**這些夢顯然是在幫助我們忘掉從前的伴侶。**

做春夢時夢見前任，究竟意味著什麼？思考這一點時，別忘了夢所挑起的情緒反應與你夢裡的行為一樣重要，甚或可能更重要。**夢境也許只是處理分手情緒的一種方式，甚至連春夢也不例外。**我將於第5章深入討論此點。

思索春夢的意義時，切莫忘記夢境往往非常情緒化、社會化、視覺化，而且常常無法用理性解釋。它們是想像力網絡的產物，遠遠超越了平常或可接受的範圍。雖然春夢的情節通常不太現實，甚至令人厭惡，但背後的情緒也許能為現下或過去的關係狀態提供重要線索。

從關係之外到生物學，人類大腦如今對情色想法和幻想十分敏感及適應，情慾思維也成為了大腦自然運作的一部分。幻想、春夢，甚至我們最終的性慾，都源自於最根本的繁衍驅力；但前者後來發展如此蓬勃，深入挖掘了唯有心智才能喚起的情感、興奮和慾望，甚至超越了實際的性行為本身。

chapter 04

夢與創意：
夢如何釋放內在的創造力

　　有一次，有位名為安娜的病人前來找我，因為其他醫師告訴她，她有「腦積水」，此種說法有趣但不甚精確。腦脊髓液並非聚積在大腦，它充滿、包圍了大腦，並從大腦內部猶如水下洞穴的大型腔室流出，這些腔室又名為「腦室」（ventricles）。

　　大家常誤以為大腦是實心（solid mass）的腦組織，但事實並非如此。大腦深處有四個大型腦室，這些腦室之間由狹窄隧道狀的結構連接，稱為間孔（foramen）。腦室產生腦脊髓液，這種看似惰性的腦液其實充滿了無形的生命力，包含了離子、化學物質、蛋白質和神經傳遞物質，可說是我們心智的原生湯（primordial soup）。腦脊髓液能滋養大腦，幫助清潔與淨化代謝老舊的細胞和毒素，還有重要的緩衝作用，尤其如果大腦直接觸及顱骨內部的骨頭表面，脆弱的帶電組織就可能受損。

　　腦內產生和排出的腦脊髓液應該是相同的量，這樣總量就能保持不變。但有時，腦脊髓液未能以相同的產生量排出，多餘的液體便會聚積在毫無彈性的顱骨內。安娜描述她腦內的液體時，實際指的是大量被隔離的積液，基本上是充滿液體的氣泡，緩慢地在她顱骨內部和大腦表面之間的狹窄空間中形成並擴大。每隔數月累積幾滴液體，經年累月下來，氣泡就長到了桃子大小。安娜所患的是蜘蛛膜囊腫（arachnoid cyst），這個名字的由來是因為氣泡是由半透明薄膜包覆，而這層膜主要由薄如輕紗的細胞組成，使其具有蜘蛛網般的光澤。蜘蛛膜囊腫和大腦在爭奪同一空間，結果，安娜的頭骨內部變得日益擁擠。

　　囊腫一點一滴地充滿並長大，安娜的顱骨並不會往外擴展，所以她的大腦想當然得被迫容納這顆慢慢變大的囊腫。囊腫日漸壓迫安娜的大腦，位於她右眼上方的前額上部外側，使她出現了慢性的劇烈頭痛。此處正是腦中一個小但極其重要的區域，名為背外側前額葉皮質（dorsolateral prefrontal cortex，dPFC），屬於大腦皮質的一部分，是執行網絡的指揮。背外側前額葉皮質所承受的壓力並未癱瘓安娜大腦的執行網絡，而是造成干擾，使其運作減緩，導致了驚人的變化。

　　長久以來，安娜一直想成為編劇和故事作者，但她始終未能創作出有趣的角色或細膩的故事，這令她既沮喪又深感失望。但隨著腦中囊腫日漸生長，安娜感受到了幾乎難以抑制的創作慾望，全然有別於寫作障礙的感覺。囊腫出現之前，寫作讓她備感壓力，但現在卻猶如難以抗拒的衝動，若她無法一寫為快，就會感到焦慮。

我們交談時，當安娜提及「大量」新角色和故事情節迸發於腦海中，我立即就明白發生了什麼情況：安娜的蜘蛛膜囊腫釋放了她的創造力。

❋ 夢如何讓我們更有創意

囊腫對安娜大腦的影響，類似於大腦在我們做夢時自主進行的活動。如前幾章所述，想像力網絡引導做夢的大腦探索社會關係和情感，而且是以我們專注於日常任務時難以實現的方式進行。這種聚焦情感和人際關係的自由思維，也是創意寫作的核心。安娜清醒時，蜘蛛膜囊腫抑制了她的執行網絡，降低了秩序和理性的限制，為她的創意思維提供了翱翔的空間。因此，她在醒時能像我們多數人做夢時那樣思考和創作。

想像力網絡促進了做夢的超能力，它辨識和評估我們記憶中微弱的關聯，並以新的、意想不到且經常不合邏輯的方式將其貫串。由於大腦的設計，這些微弱關聯白天時受到抑制 —— 它們是一些渺茫的機會、不太可能的情境、不合理的事件，不值得你費心思量。若說創意總脫離不了千奇百怪，無論白天的我們多麼枯燥乏味，夜晚的夢境也總是光怪陸離。晚上做夢時，夢中上演的牽強聯想也許能為我們挖掘出不為人知的瑰寶，也許是苦思已久、意外的問題解答，或看待工作及親密關係的新視角。

創作過程與做夢很類似。創意思維意味著以新方式解決問題，從不同視角看待世界，尋找從未發覺的線索，提出未曾想過的解決方案。研究人員稱此為「**發散性思考**」，他們認為這是創意的關鍵。當然，發散性思考並不等於創意，以不同方式思考，不見得就會獲得具開創性的解決方案或絕妙想法。但從定義上而言，發散性思考較不拘一格。另一種選擇是**聚斂性思考（convergent thinking），此種思維著重在尋找單一、正確的問題解決方案**。聚斂性思考也許適用於修車，但不適合用來設計汽車。

現在，讓我們回顧一下大腦如何處理問題。若我們專注於目標導向的思考、聚焦特定主題或正在處理某項任務，此時執行網絡將掌控全局。當我們稍事休息，想像力網絡便會將我們的注意力導向內在，讓心神隨意漫遊，如同我們在睡夢中一樣。我們也許在淋浴、摺衣服、走在熟悉的道路上，或駕車行駛在漫長而無聊的路上，當我們未積極從事某項任務時，心神就會恣意遨遊。

我們無須刻意讓心神遊蕩。事實上，我們的心智未忙於特定任務時，便會自然而然地游移，據說這幾乎佔據了我們清醒生活的半數時間。**沒有任何特定焦點時，往往是創意想法出現之時**，像是意料之外的洞見，或想都沒想過的問題答案，心緒漫遊有利於這些「靈光乍現」的時刻。然而，如今現代人時不時地查看手機，使得一天中思緒得以漫遊的時刻越來越稀有（不妨將此視為公開邀請，每天花點時間無所事事）。

想像力網絡啟動時，產生的洞察不同於合乎邏輯的問題解決方法。原因是做夢時，大腦的邏輯部分（即執行網絡）處於離線狀態，所以夢不會直接給出數學問題的解答，也不太可能解開謎語。但夢是高度視覺化的，**所以當夢境提供問題的答案時，通常也以畫面的方式呈現**。

1970年代，睡眠研究先驅威廉・德門（William Dement）給了五百名大學生「腦筋急轉彎」問題，要他們在睡前花十五分鐘思考[1]。然後，他要求他們記錄自己的夢境。在一千一百四十八次嘗試中，只有九十四個夢境涉及這些問題，其中只有七名受試者表示他們的夢境確實解決了問題。不過，即便夢境排除萬難地成功解了題，也都是用視覺化的方式顯現。

其中一題腦筋急轉彎中，德門告訴學生，英文字母 O、T、T、F、F 構成了一個無限序列的開頭，並要求他們找到簡單的規則來判定後續任何或所有字母。其中一名學生夢見自己走在博物館的長廊，他開始數畫作，第六幅和第七幅畫被從畫框中撕下。他盯著那些空畫框，感覺自己即將解開謎題，就在那時，他意識到第六和第七的位置就是答案。這個序列是每個數字的英文字首 —— One、Two、Three，以此類推，序列中接下來的數字是六和七（Six、Seven），意即下兩個字母的答案是 S。另一個腦筋急轉彎中，學生們被問到下列序列所代表的單字：HIJKLMNO。答案是 H to O（H2O），即水。其中一名學生夢見了水，但猜答案是「字母表」（alphabet），可見有時我們做夢的心智比清醒時更聰明。

話雖如此，**夢的力量終究不在於破解邏輯性的謎題，而是發散性思考，尤其是當它以視覺形式來表現時**。這世上無人比哈佛大學心理學家黛笛兒·芭瑞特（Deirdre Barrett）更深入研究夢與創意的關係了。芭瑞特指出，**人往往以為解決問題唯有透過某種特定方法，但做夢可以讓我們擺脫這種先入為主的觀念**。夢能讓我們去探索那些清醒時會被立刻否定、異想天開的想法，這些靈感為人類帶來了許多重要洞察，夢引導了元素週期表、DNA 雙螺旋結構和縫紉機等發現。

1900 年代初，德國藥理學家奧圖·洛威（Otto Loewi）認為，神經細胞主要透過化學和電的形式來傳遞訊息，但當時並未證明此假設。十七年後，他從一場夢中驚醒，夢醒後他在一張紙上畫了圖。他一早看了看筆記，但無法解讀上面潦草的字跡；第二天晚上，這個念頭又回來了。那是一個實驗的設計。洛威回憶道：「我立即起身前往實驗室，並根據夢中的設計，用青蛙的心臟進行了實驗。」1938 年，洛威因發現神經衝動的化學傳遞而榮獲諾貝爾醫學獎。這是神經透過化學物質（即現稱的神經傳遞物質）相互傳遞訊息的第一個證據。

發散性思考也能幫助我們以新的眼光看待社交互動。既然故事的敘事核心是人際之間的關係，研究人員比較了從事創意工作的電影從業人員和一般的做夢者，結果不令人意外，從事創意工作的人比較可能記住自己的夢境，也較容易為夢境賦予意義。而且，夢境本身經常成為電影導演的靈感來源，許多導演拍攝的場景，最先都出現在他們的夢中。

除了幫助人靈思泉湧之外，夢的本質和其快速轉換時空和人物的特性，是否也啟發了書籍和電影的故事結構？也許，我們之所以能接受電影的倒敘手法，從一地跳接到另一地，從一個角色轉換至另一角色，是因為我們都在夢中經歷過此種敘事形式。**也許夢不僅引導了創造力的發展，還為我們提供了創意的形式。**

◉ 絕妙點子＋行動＝創意

十九世紀時，化學家深深困惑於苯的化學結構。要理解箇中原因，首先必須先了解，碳通常會形成四個鍵。所以，單一個碳可以連接四個氫分子，並形成甲烷。但苯卻完全不如預期，苯有六個碳，卻只有六個氫。若化學家對苯的理解正確，它至少應該含有兩倍的氫。

多年來，化學家一直百思不解，直到德國化學家奧古斯特・凱庫勒（August Kekulé）在夢中獲得了解答。凱庫勒夢見一條蛇咬住了自己的尾巴，這讓他想到了答案：苯是六角形的環狀結構。在苯環結構中，碳分子彼此連結，因此需要較少的氫來達到完整和穩定。化學家掌握了苯的結構後，就能用它作為基礎原料來製造各種產品，從油漆、人造香草精到布洛芬止痛藥等。凱庫勒的夢並未直接提供解決方案，但給了他能按圖索驥的視覺線索。

一如凱庫勒的例子所示，提出新穎的想法只構成了一半的等式。凱庫勒雖然有了苯可能是環狀的想法，但仍必須釐清環狀分子的運作原理。同理，偉大想法並非創意的終點，而是開端。想法必須要付諸行動，若非如此，即便再棒的主意也無法實現。創意必須經過精煉、塑形和包裝，而有一種神經傳遞物質能幫助我們做到這一點。

腎上腺素是一種神經傳遞物質，也是引發戰或逃反應的荷爾蒙。體內的腎上腺素由位於腎臟的腎上腺釋放，使我們呼吸得更深、更急促，心跳加快，血液流向肌肉。而腦內的腎上腺素則是由多巴胺製成的化學傳遞物質，負責篩選刺激，找到相關的並忽略無關的刺激，也就是從雜訊中區分出訊號，從混亂中辨識重要事實。**腦內腎上腺素上升與認知能力的提升相關，當腦中的腎上腺素趨向低迷時，認知能力就可能受到影響，我們會更難以辨別雜訊和訊號，思維的敏銳度也會降低。**結果導致我們可能會選擇不相關的刺激，而忽略重要的刺激。在遠古時代，當人類生活較接近大自然，且不在食物鏈頂端時，這種誤判可能攸關性命。

當人在睡夢中時，腎上腺素分泌降至零，讓我們能安全地處於睡眠和身體癱瘓的狀態，並在夢境裡天馬行空。此時的我們無須從雜訊中篩選出訊號，也無法做到這一點。我的病人安娜大腦的執行網絡只是受到蜘蛛膜囊腫抑制，但並沒有像我們在做夢時那樣完全關閉，這意味著她腦裡仍有少量腎上腺素在運作。這些腎上腺素的存在，並未完全抑制創意和想法的湧現，其含量恰到好處，使她能從眾多的角色和故事情節中做出選擇和篩選，並建構她的故事。這種平衡使安娜在清醒狀態下達到了創造力的最佳狀態。

創意不僅僅是原創的想法或跳脫框架的思維，它需要建立在專業知識的基礎之上，並需要執行決策來付諸實行。如果安娜不曉得劇本應有的結構，或思緒一直處於白日夢般的游離狀態，就無法塑造、發展她腦海中的人物和情節。**創意是在靈感、評估、構思與執行之間來回擺盪的過程。**

一項關於詩歌創作的腦部造影研究完美地證明了這一點[2]。根據研究顯示，大腦根據詩歌是在創作或修改，靈活地調整了執行網絡的活動程度。無論詩人是新手或專家，情況皆是如此。由於詩的寫作充滿了各種象徵和隱喻，因此在創作過程中，執行網絡的活動受到抑制；反之，在修改時，執行網絡又重新被啟動。

小睡有益創造力

除了從清醒過渡到睡眠的過程之外，小睡三十到六十分鐘有助於因重複性任務而疲憊的頭腦恢復。而六十至九十分鐘不等、更長時間的小睡，結合快速動眼睡眠，不僅可明顯提高能力表現，還能實際提升學習力。研究人員發現，**小睡還有助於創造性問題解決（creative problem solving），特別是那些需要靈機一動的創意解答才能處理的問題。**

當我們利用突發的創意靈感來解決問題時，從初遇見問題到找到解決辦法前，中間常會存在著一段時間差。在此期間，我們嘗試解決問題未果，於是先將其擺在一旁。我們看見問題但未積極處理的這段時期，又稱醞釀期（incubation period）；此時的我們並未忘記問題，但也沒有力圖解決。

加州大學聖地牙哥分校的丹妮絲・蔡（Denise Cai）和其研究團隊決定測試在醞釀期內小睡，是否有助於創造性問題解決能力[3]。她將測試對象分為安靜休息組、小睡組和長時間小睡組（進入經歷最生動夢境的快速動眼睡眠）。蔡發現，醞釀期對三組人同樣有助益。

蔡在受試者接受了後續可用的提示後再度進行測試，有了一些有趣的發現。受試者在上午完成一組類比題，例如：CHIPS（薯條）：SALTY（鹹）；CANDY（糖果）：S ____ 。答案為「SWEET」（甜），這也是下午單字測驗的答案之一，但題型略有不同。下午時，受試者獲得三個看似無關的單字，並且必須找到第四個單字將它們串連起來，例如：HEART（心）、SIXTEEN（十六）、COOKIES（餅乾）；而答案正是「SWEET」。

當大腦的聯想網絡以這種方式啟動後，安靜休息組和小睡組在單字測驗的表現相當，但經歷快速動眼睡眠的長時間小睡組比起其他兩組，表現高出了40%。無論此組的受試者記不記得自己的夢，**他們依然從夢境豐富的睡眠中，獲得了創造力方面的益處。**

蔡歸結，執行網絡運作時所活化的神經傳遞物質，會抑制解決謎題所需的心理聯想。然而，在快速動眼睡眠期間，想像力網絡能將新資訊與過往經驗編織在一起，創造出更豐富的聯想網絡。正如蔡所總結：「靈活解讀是創意思維的特點，從無聊的文字遊戲到抽象形狀，都引導了神經化學傳遞或苯環結構等發現。」

夢也會影響文化

我相信，夢在創造力方面最重要的特質，就是其評估我們社會關係的能力。夢可以讓我們回到過去或未來，想像自己再度成為孩子，與早已過世的親人在一起，或設想十年、甚至更久以後的生活。這對我們來說如此輕而易舉，因此很容易忽視這是多麼難能可貴的創意認知壯舉。夢帶我們回到完整過去或想像未來的力量，體現了人類三種非凡的能力：一是視覺想像；再者是「事件」記憶（episodic memory），使我們能直接重新體驗自己過去的景象、感受和情緒；以及前者的時間對立面，即心理「時間旅行」（mental time travel），讓我們能進入預期中的未來。

　　我們每晚做夢時，都在創造情感豐富、由角色驅動的戲劇，虛構各式各樣的社交情境，來探索社交策略和應變方式。若說早期人類的夢讓他們能模擬潛在危險，找出因應之道，現今的夢也提供了同樣的虛擬角色扮演功用，幫助我們尋找伴侶或與他人互動。**我們可以在夢中嘗試各種行為，而且不會危及自己的社會資本。夢也讓人能想像他人在不同情況下會如何看待我們。**

　　除了個人以外，夢也影響了作家、藝術家、音樂家、時裝設計師、建築師、運動員、舞蹈家、發明家和其他形塑我們所生活世界的人。例如：撰寫了《愛情的盡頭》（*The End of the Affair*）和《沉靜的美國人》（*The Quiet American*）的英國小說家格雷安・葛林（Graham Greene），據說他每天只寫五百字，不多不少，而且他會在睡前讀一遍，然後靠自己的夢境和睡夢中的心智繼續作業。葛林對夢境甚是著迷，甚至出版了自己的夢境日記《我自己的世界》（*A World of My Own*）。《憤怒的葡萄》（*The Grapes of Wrath*）一書作者暨美國作家約翰・史坦貝克（John Steinbeck），為這種一夜之間的問題解決方法起了個名字，稱為「睡眠委員會」（the committee of sleep）。

　　時尚傳奇人物愛德華・恩寧佛（Edward Enninful）年僅十八歲時，就獲聘擔任英國年輕街頭時尚雜誌《iD》的藝術總監。他在那裡工作了二十年，後來轉任義大利《Vogue》和美國《Vogue》特約編輯，之後又到《W》雜誌任職。2017年，這位四十五歲的迦納裔英國人，成為了英國《Vogue》雜誌一百〇六年以來首位男性黑人主編，也是首位工人階級出身的同志主編。而恩寧佛將他的創意視野歸功於夢境。

他在一次電臺訪談中說道：「有時我真的是想破腦袋，也想不出一個點子，然後我就會去睡覺。等到醒來時，我便會看見所有的畫面，我能看見模特兒、地點、妝髮。多年來，我一直覺得這是在作弊，但我母親說，『這其實是一份禮物』。」恩寧佛動完眼部手術後，有三週時間看不見，他說他的夢因此更宏大、更「絢爛奪目」。正是這段康復期間，他想出了堪稱畢生代表作的封面，也就是他為《W》雜誌設計的「未來女王蕾哈娜（Rihanna）」。

夢境具有極強烈的視覺性，因此能促進比喻的思維，即我們想像某物象徵其他事物。正如凱庫勒夢見蛇咬住自己的尾巴，這樣的畫面引導他聯想到苯環結構，**夢境蘊含著豐富的隱喻，通常更像詩歌，而非散文。**

據說，美國作家暨民運人士瑪雅·安傑洛也會利用自己的夢境，但並非為了獲得創作靈感，而是將夢境視為指引。當她夢到一座正在建造的摩天大樓並爬上鷹架時，她認為，這意味著她的寫作正朝著正確方向發展。

從事創意工作的人是否更多夢或夢境更奇特？研究人員發現，富創造力和想像力的人較可能擁有生動逼真的夢境，也許是因為生活經驗，使他們的思維在清醒和夢境之間具有獨特的延續性。若你的心緒十分容易漫遊，清醒和夢寐之間的隔閡就較小，訊息和想法也許更容易在兩種狀態之間傳遞。

◎ 動覺創造力：夢與運動

　　舞蹈和其他形式的運動，是常受到低估的一種基本創造力。使用工具、針線、弓箭和繩結，都需要動覺創造力，人類許多基礎創新和發明也都源自於此。動覺創造力需要規劃、動作技能和空間處理，因此需要使用大腦多個區域。

　　動覺創造力始於動作的視覺化，這會在夢中自然而然出現。畢竟，夢境也是視覺空間的遊樂場。

　　試想早期人類得擁有何等的能力，才能戰勝更強壯且行動更迅疾的生物，並且蓬勃發展，也許夢啟發了他們生存所需的重要想法。**夢促進了身體活動的創造力，這是我們在生活中積累的程序性知識（procedural knowledge，關於「怎麼做」的知識），最終也成為人類物種賴以為生的創意泉源。**

　　澳洲卡內基美隆大學認知影像中心的羅柏特·梅森（Robert A. Mason）和馬賽爾·亞當·賈斯特（Marcel Adam Just），決定研究人們在打繩結時腦中的情況[4]。打結之類的程序性知識有別於對事物的了解，是隨著時間而展開的：打結是一連串依序進行的連續動作。有趣的是，繫鞋帶等程序性記憶並不會消失，即便我們罹患失智症也是如此。

作為一名外科實習醫生，進入手術室時，最先學到的其中一件事就是外科結（surgeon's knot），這是平結的變體，主要用於牢固地縫合傷口。例如：在電燒血管前，我們會先將其綁線打結，如此一來，就能安全地進行切除。有時，手術需要打上數百個結，就算只有一個結鬆開了，後果也是不堪設想。當手指和手的動作正確時，打結就有如跳芭蕾舞般，雙手彷彿有自己的意識一樣。

梅森和賈斯特在打結的研究中，用了功能性磁振造影（fMRI）即時顯示測試對象的腦部活動。研究人員發現，打結的第一步是思考過程，而不是直接操作繩子。當受試者被要求光是想像打結而不動作時，研究人員發現了一些有意思的事：受試者此時的神經活動特徵，與計劃實際打結時完全相同。換句話說，我們做夢時，神經元會像我們正在執行夢中行為一樣發射訊號。因此，**夢能增強我們的程序性知識，這對生活諸多領域都助益良多，包含舞蹈、藝術和體育等**。例如：高爾夫球手傑克‧尼可勞斯（Jack Nicklaus）曾將自己的高爾夫球技歸功於一個夢，那個夢為他提供了新的握桿方式。

身為腦外科醫師的我，也試圖利用夢的創造力。進行格外困難的手術前一晚，我會再度檢視患者大腦和腦瘤的影像。入睡時，我會在腦海裡想像轉動腫瘤，特別注意我必須避開或穿過的周圍腦組織。然後，醒來時，我會花幾分鐘重新審視計劃手術的情況和架構，這種做法對我在解剖結構上的空間意識很有幫助，無論我是要穿過還是繞過特定組織。夢是一種視覺空間體驗，所以，此種心理演練無疑會以某種方式在我的夢中重現，**即便早晨我不見得總是記得自己的夢，這也進一步強化了我對即將進行的手術的理解。**

許多實驗顯示，**睡眠和夢境有助於我們學習。**在一項實驗中，受試者在虛擬實境迷宮內奔跑。隨後，半數受試者去小睡，另外一半的人則保持清醒。稍後受試者再回到虛擬實境迷宮時，小睡過的人表現比保持清醒的人更好，其中那些睡覺且做了夢的人表現最佳。此外，對於沒睡覺的人來說，白日夢對迷宮的幫助並不大。

那些邊睡邊做夢的人之所以表現得更好，是否因為他們夢見了如何穿越迷宮？這是理所當然的假設，但事實並非如此。其中兩位受試者夢見音樂，另一人夢見了像迷宮的蝙蝠洞，但不是迷宮本身。**儘管受試者沒有夢見迷宮，但光是做夢，某種程度上就幫助了他們整合對迷宮的記憶，他們因為做夢而更了解迷宮。**其中存在的關聯性相當明顯，不過目前尚不清楚當中的機制。

● 惡夢與創造力

1987年，美國塔夫茨大學醫學院（Tufts University School of Medicine）的恩尼斯特‧哈特曼（Ernest Hartmann）帶領了一項深入

研究，比較了十二名終身受惡夢所擾的人、十二名夢境生動的人，和十二名既非惡夢受害者也不是夢境生動的人[5]。每位受試者均接受了結構式訪談、心理測驗和其他措施，以評估他們的性格。研究人員發現，受惡夢困擾的人比起其他兩組受試者，具有更強烈的藝術和創作傾向。換言之，在夢中想像邪惡或危險力量的心智，清醒時也可用其豐富的想像力發揮創意。

惡夢曾為許多知名作家的作品提供靈感。聞名全球的恐怖小說作家史蒂芬・金（Stephen King）在飛機上睡著，夢見了一名瘋狂女子囚禁並殘害了她最喜愛的作家，結果成了《戰慄遊戲》（Misery）一書的靈感來源。

《鬼店》（The Shining）的構思也來自於一個夢。史蒂芬・金和妻子是一山中度假飯店僅有的兩位客人，當時飯店由於季節即將關閉。他在夜裡夢見自己三歲的兒子尖叫著跑過大廳，被消防水管追趕。他從惡夢中驚醒，滿頭大汗。史蒂芬・金回憶，當時他點了一支菸，望向窗外：「菸抽完時，這本書的架構已經在我的腦海裡成形。」

我們如何看待法國和其他處的史前洞穴壁畫及其他古代文物？世界各地所描繪的許多生物，都是人獸混合的動物形象，使得考古學家不禁心想，這些奇特的圖像是否可能是受到了夢境的啟發？惡夢既是人最容易記住的夢境，這些會不會是最早對惡夢的藝術描繪？我同意此種看法。我們有理由認為，說故事本身也許源自於分享夢和惡夢的渴望。

● 如何引導夢境來激發創意？

　　古埃及人建造了睡眠神廟，讓人可以在此處睡覺，希望能誘發夢境，幫助他們治癒疾病或做出重要決定。古希臘人也會去特殊的神殿祈禱，希望做一個能解決問題的夢。希臘人稱此作法為「孵夢」。現今研究顯示，孵夢不僅僅是建立在信仰上的古老方法，它背後有真正的科學依據。

　　研究人員發現，做夢的人可以透過暗示來影響夢境發展。雖說這不是萬無一失的過程，但他們發現，**光是表達你想夢見某個人或特定主題的意圖，通常就能將夢境推向此方向**。透過此種方式，我們也許能引導自己的夢境，來幫助激發創意、思考社交難題和考慮重大決定。哈佛大學夢境心理學家芭瑞特要求她的學生在睡前十五分鐘思考一個情感相關的問題[6]。結果，半數學生表示，他們做了與此問題有關的夢。

　　由於夢境如此視覺化，所以，**入睡時在腦海裡設想某個人、想法、地點或問題，將有助於你孵夢成功的機率**。正如我們在關於惡夢的章節中所了解，我們可以運用意象預演療法改寫反覆出現的惡夢，重新編排夢境情節，使其變得無害，甚至給它更好的結局。這種方法聽來雖然簡單，但相信你也記得，研究也證明此法常常能成功幫助人們擺脫惡夢。孵夢也一樣，聽來雖像是一廂情願的想法，但嚴謹的研究已證實了此種方法引導夢境的效用。

麻省理工學院媒體實驗室（Media Lab）的研究人員，一直致力於開發睡眠和夢境設計技術，希望藉此大幅提升創造力。研究裝置會感知受試者進入睡眠的情況，並提供口頭提示，詢問受試對象在想什麼，然後記錄對方的反應。如我們將在第8章所見，現今還有其他方法可利用感官來設計夢境內容。

正如我們探討如何減輕惡夢時的方法，你也可以在紙上寫下自己的意圖，放在床邊，或將希望夢見的事物相關圖片、物件放在床邊。這不僅僅是某種象徵儀式，而是人們見證能啟發他們夢境的有效方法，就好比我們將原料放進鍋裡，等待夢境以全新、意想不到的方式將它們混合。

當解決方案能在腦海以視覺呈現時，孵夢最容易成功，原因是視覺皮質在快速動眼睡眠期間十分活躍。睡前請回顧一下你想夢見的問題或主題，想像自己夢見了這個問題後醒來，然後在床邊的紙上寫下夢境。

芭瑞特的學生選擇了學術、醫療和個人方面的問題，並記錄哪些夢境為他們的問題提供了潛在的解決辦法。其中一名學生搬到了一間較小的公寓，無法找到不顯雜亂的家具擺放方式，結果他夢見將五斗櫃搬到客廳，這名學生實際嘗試了一下，果真有效。另一名學生在選擇麻州或其他地方的學術課程時陷入兩難，他夢見自己乘坐的飛機需要緊急降落，夢裡飛行員說降落在麻州太過危險，做夢的學生一想到這個夢，便意識到了選擇其他地方課程的決定。

　　即便不記得自己的夢，它們也能影響你清醒時的想法。你也許會突然靈光一閃、腦海瞬間蹦出想法或沒來由地想到解決辦法，這些靈感很可能來自於我們的夢境。不論記不記得，我們每晚都會做夢，而我們的夢夜夜都在為我們從事創意工作。

● 發掘夢的創意潛能

　　許多人認為自己天生就缺乏創意，你可能也是其中之一。但別忘了，**做夢本身就是一種人人皆會從事的創意行為**。即便是視障者也會做夢，雖然缺乏視覺化的內容，但他們比看得見的人擁有更豐富的聽覺、觸覺、味覺和嗅覺體驗。所幸，不論是誰，都能培養出別出心裁的做夢能力。

　　在夢中，我們根據遙遠的記憶、近期和計劃中的事件、情緒、網上看到的片段、書讀到的內容和生活中的點滴，將它們拼湊成故事，來創造引人入勝的敘事。夢裡百無禁忌，夢中的人物可以是家人、已故親友、歷史人物、朋友、同事、陌生人或萍水相逢的人。美國編劇查理・考夫曼（Charlie Kaufman）曾言：「大腦天生就能將情感狀態變成電影，你的夢就是最好的劇本……人們在夢中將焦慮、危機、渴望、愛情、遺憾、內疚轉化為完整豐厚的故事。」[7]

　　但我們如何發揮夢的創意潛能？我們能做些什麼來培養夢的創

造力，並善用這份創意？**第一步是先記住我們的夢。**

大多人都有過這樣的經驗：試圖回憶夢境，結果卻讓它溜走，最初是模糊不清、力所不及，然後夢境沉入睡眠的海洋而消失得無影無蹤，只在表面留下最微弱的痕跡。之所以如此，**是因為我們必須維持夢中自我和清醒自我之間的界線。**人一生的故事（即我們的敘事自我），是由自傳式記憶（autobiographical memories）所構築而成，這些記憶自然都是在我們醒時形成的，我們也利用自傳式記憶串連過去，預測未來。若夢的記憶與自傳式記憶混淆不清，將令人十分錯亂。因此，每日早晨，自傳式記憶回到我們身上時，我們在夢境中完全沉浸並體驗的那些奇幻經歷，就被迫隱藏起來。

有一個簡單方法能讓我們記住夢境：**說出你的意圖。**例如：「我會做夢，我會記住我的夢，並將它寫下」。你不必一字一句完全複製，只要意思到了即可起作用。各項研究一再顯示，此種自我暗示方法能提高我們把夢記住的機率。目前無法以任何生物機制來解釋其中原由，但很可能是因為我們醒時的生活多少會影響夢的內容，所以這種自我暗示會被夢境大腦保留下來。

當你醒來時，保持靜止片刻，然後將你記得的夢境內容寫在床邊的紙上，或記在手機的備忘錄應用程式。**不要開燈，不要查看通知，給自己一到兩分鐘的時間，目標是延遲執行網絡瞬間重新啟動。**養成慢慢起床的習慣，在做其他事之前努力記起你的夢境。此種回溯能力可透過努力練習來培養和增強，把夢記住的能力也會迅速提高，從第一天早上只記得寥寥片段，到僅僅一週左右，便能記住豐富的情節。無論做什麼，試著在思索一天行程之前寫下你的夢境。

事實是，我們天生就是會忘記夢境。當我們醒來時，執行網絡回歸主導地位，自傳式記憶啟動，串連我們的日常經驗：我們是誰、我們在哪裡，或我們在接下來的一天需要做什麼。重點是，自傳式記憶不能被夢境混淆。我們也需要其他類型的記憶，例如：記得如何騎腳踏車的程序性記憶，或記住特定事件、面孔和名字的事件記憶。自傳式記憶將各類記憶聯繫在一起，成為我們完整的經驗，而不是生活中四散的元素。

當我們漸漸醒來時，神經傳遞物質血清素和腎上腺素，會支援從睡眠到清醒的過渡階段。血清素與清醒有關，而腎上腺素則是在注意力轉向外界、以目標為導向時就會釋放。這抹去了我們回溯夢境的一絲機會。

睡醒後立即關注外界是一種強大的生存機制。畢竟，人在入睡時，或多或少都處於某種孤立無援的狀態。睡醒迅速恢復警覺和確定方向，可讓早期的人類先祖一醒來就能評估自己是否身處於危險。正如第1章所提到，腎上腺素的作用強而有力，讓清醒時的我們能從日常雜訊中辨識出訊號。但我們做夢時則會反其道而行，我們忽略任何訊號，在不羈的夢境大腦中尋找雜訊的模式和意義。

即使我們醒來後常常無法憶起自己的夢，但部分證據顯示，我們的夢境內容仍然被記得。如第1章所探討，我們似乎有獨立的夢境記憶系統。如此一來，**即便是被遺忘的夢，也依然以某種方式保存著。**

因此，倘若我們的目標是回憶自己的夢境，就必須繞過人體的神經生物學，至少短暫駐足於夢境世界裡。回溯夢境能以現實經驗難以企及的方式開拓我們的思維。**主動思考夢境並試圖回憶，亦可增強和豐富你的夢境體驗，就像練習一門新語言或其他認知及身體技能一樣。**

◉ 入睡過程：創造力的入口

若你能遊走在腦部狀態的臨界線，在發散性思考和執行功能之間切換，會怎樣呢？其實，這是有可能的。人在漸漸睡著時，處於一種入睡狀態，既有意識又有做夢般、自由浮動的思緒。此時的狀態十分適合進行創意思考，漸漸入睡時的大腦，表現十分類似於安娜有囊腫時的狀態。

超現實主義藝術家薩爾瓦多・達利（Salvador Dalí）發現，夢境世界與清醒世界之間的模糊交界是豐富的創意來源，並發展了一種技巧來利用它。達利會坐在扶手椅上，用拇指和食指握住一把大鑰匙，下方有個盤子放在地板上。當他打瞌睡時，鑰匙會掉在盤子上將他叫醒，他便立即畫下漸漸睡著時出現的幻覺。達利稱此為「半夢半醒的秘密」，並將其用作藝術創作的靈感。

這種半夢半醒的狀態可透過記錄腦波的腦電波儀（EEG）偵測。我們漸漸入睡時，腦電波儀會顯示清醒時和睡著時的腦波，分別為 α 波（又名「快」波）和 θ 波（或「慢」波）。此時兩種腦波罕見地交會，就像海洋與河流匯流的河口，鹹水和淡水混合成獨特的產物 —— 在這種特殊狀態下，**我們既能體驗到夢境天馬行空的創意，同時又對此有所意識**。此時此刻，如同做夢，我們並非在引導這些時常奇特的想法和畫面，而是觀察它們；同時也如醒時，我們能立即取用這些想法。難怪達利形容半夢半醒的狀態為「平衡行走在劃分睡眠與清醒那條緊繃且無形的細線上」[8]。

巴黎大腦研究所（Paris Brain Institute）的研究人員決定檢驗達利這種半夢半醒的技巧[9]。研究人員給受試者一個八位數的序列，並告知他們盡快找出第九位數。這個謎題可以一步步慢慢解決，也可以迅速解題，只要受試者能發現潛藏在數字間的模式。未能解開謎題的受試者被給予二十分鐘的休息時間，並被要求像達利一樣坐在扶手椅子上，握住一個物件。當他們漸漸睡著、鬆開手中的物件時，會被要求說出物件掉落前自己在想什麼。研究人員監測了他們的腦波、眼球運動和肌肉，以驗證受試者處於清醒、半夢半醒或更深的睡眠狀態。休息完二十分鐘後，受試者再次被要求解決數字序列的謎題。

研究人員發現的結果令人震驚：**僅僅一分鐘的入睡狀態就能激發洞察力**。進入這種半夢半醒模糊地帶的受試者，解開數字序列問題的機率幾乎是保持清醒的人的三倍。研究人員更進一步檢視，發現了創造力的甜蜜點（sweet spot）。解決謎題與中等程度的 α 波（清醒時和執行網絡的腦波）相關。表現最佳的受試者既不過於警覺（α 波過高），也不感到需要進入更深的睡眠（α 波過低），這就是達利尋求的那條無形的線。有趣的是，進入更深睡眠的受試者在醞釀期過後的表現，比保持清醒和半夢半醒的兩組人都要差。

巴黎大腦研究所的研究人員證實了長久以來的信念。**半夢半醒的入睡狀態確實猶如「創造力的雞尾酒」，其中的配方是：一個問題出現，接著是短暫的醞釀期，然後進入半夢半醒狀態，最後一步是回到問題本身。**

如前述，麻省理工學院媒體實驗室的研究人員正嘗試運用科技，來利用這扇創造力的窗口[10]。他們開發了一種高科技的「定向孵夢裝置」（targeted dream incubation device），並模仿達利的技巧，試圖測量入睡的開始。此裝置使用中指上的彎曲感測器，來檢測心率的下降和膚電活動（electrodermal activity）的變化。正如達利張開手、鑰匙落入金屬碗中，是他知曉自己進入半夢半醒狀態一般，此裝置會偵測手緩慢張開並伴隨肌肉張力喪失的情況。一旦裝置偵測到入睡狀態，就會發出聲音提示，以引導夢境發展，激發創意。不過，此類產品目前仍屬新技術，截至本書撰寫時，它們的效用仍未獲得證實。

半夢半醒狀態的力量也許超越了無拘無束的想像力，而且對於學習也深具價值。一項研究觀察了電玩遊戲「俄羅斯方塊」的新手和老手玩家，此款遊戲必須迅速轉動掉落的彩色幾何方塊，使它們整齊堆疊。這項研究中，受試者在三天內玩七小時的遊戲。當受試者開始打瞌睡時，會被反覆喚醒，並詢問他們想到什麼。四分之三的新手表示，他們在半夢半醒間看見掉落的俄羅斯方塊，老手們只有半數的人有此情況。不過，老手中有些人看見的俄羅斯方塊畫面，是他們參與研究前玩過的遊戲版本。這顯示出，新手正在努力學習，而至少有些老手似乎在將最近的俄羅斯方塊體驗，與之前玩過的遊戲整合。

這一切究竟如何運作，仍是尚待深入研究的主題，尤其是新手多半在研究第二晚看見俄羅斯方塊的景象，這是很明顯的滯後情況。而且，無論是新手或老手，兩者在半夢半醒間的認知意識驚人地相似：兩組人都表示看見俄羅斯方塊掉落在面前，有時旋轉，有時整齊地嵌入螢幕底部的空間。

這些令人期盼的研究都在提醒我們，**將入睡過程視為一種獨特的心智狀態，此時此刻的我們擺脫了白天的束縛，但尚未將它們完全拋諸腦後。**

最後，我的病人安娜呢？安娜腦裡的囊腫仿造著做夢的大腦，讓她經歷了一陣創造力的迸發，但隨著腦脊隨液不斷滴入，她的頭痛變得越來越頻繁，且越來越難以忍受。每滴液體都讓她的大腦受到進一步的壓迫，她開始感到劇烈頭痛，據有過經驗的人說，那感覺就像顱骨正在裂開一樣。其實，解決辦法很簡單：只要在安娜的髮際線後方造一個小切口，然後鑽一個硬幣大小的孔來排出積液，手術甚至不會留下明顯疤痕。

但安娜不願意，她不想失去自己的創造力。她熱愛創作的世界，不想只生活在現實世界。於是，她拒絕了我的提議，那是我最後一次見到安娜。但我深知，未來某個時刻，她必然再也無法忍受頭痛，或她的大腦無法再承受不斷增長的囊腫。但無論如何，至少在那一刻，要安娜放棄繽紛勃發的創意，對她來說風險太高了，我也能體恤她的決定。

chapter 05

夢與健康：
夢境透露的健康訊息

　　1990年代末，我剛開始接受訓練，當時的我在洛杉磯最傳奇的101號美國國道（US 101，洛杉磯人稱「一〇一」國道）盡頭，遇上了一位患者，他徹底扭轉了我對夢境和做夢的看法。遇見他以前，我從未多加思考過夢境與做夢對人的影響，當然也從未想過夢與我們身體健康的關聯，以及夢與身體的關係。但他讓我以全新眼光看待關於夢的一切。

　　為了見這名患者，我必須開車途經著名的好萊塢標誌、娛樂產業各大工作室、大型洛杉磯綜合醫療中心和洛杉磯縣立監獄，一路來到退伍軍人事務醫療中心（Veterans Affairs Medical Center）。美國的退伍軍人有自己的醫療體系，我就是在此處碰到了這名病患：當時開始惡夢頻頻的五十五歲男性。他和多數人一樣，成年後偶爾會做惡夢，但在那時卻變得頻繁起來，此種新出現的情況令人擔憂。當時的我聽到退伍軍人做惡夢，自然而然地假設是因創傷後壓力症候群（PTSD）受到影響，但患者堅稱絕非如此，畢竟戰爭已經過去數十年了，而且他從未出現過其他症狀。

　　然而，最令我的患者印象深刻的是，他夢裡出現了動物。我立刻想到，可能是未經診斷的思覺失調症（schizophrenia）。此種嚴重且常令人失能的精神疾病，成因仍是未解之謎，但患者症狀通常驚人地一致，他們的夢境時常會融入清醒時的幻覺和妄想。思覺失調患者不僅經常看見動物，有時動物還會相互交談，甚至會談論患者。但我的病人夢中的動物是被動的，只是他夢境的一部分，並未直接與他互動。而且他也能輕鬆無礙地進行日常對話，看來並無異狀，感覺與精神疾病無關。

　　我問他：「你的夢會讓你感到害怕嗎？」病人只是搖了搖頭。他的體檢和血檢都很正常，不過他的友人表示，他越來越常在睡夢中大喊大叫，似乎在做出夢裡的動作。此人甚至在做夢時打了床伴的臉，這一切都指向了另一種情況：快速動眼期睡眠行為障礙（REM behavior disorder），即身體在睡夢中不再處於癱瘓狀態；但更適合的說法也許是夢境實演行為（dream enactment behavior，DEB）。

　　我們的大腦和身體每晚都遵循著重複且明確的九十分鐘睡眠週期。每個週期中，人會先進入淺層睡眠，接著進入深層睡眠，此時的腦波緩慢且有節奏。慢波睡眠（slow-wave sleep）之後，睡眠模式再度轉換。眼球開始在眼瞼下轉動，身體大部分肌肉變得癱瘓。睡眠期間眼睛在眼瞼下顫動時，又稱為快速動眼期睡眠。

快速動眼睡眠和做夢常被相提並論，但這並不完全正確。**人在睡眠各個階段都能做夢，甚至在沒有快速動眼的情況下也可以。但快速動眼睡眠階段的夢境最鮮明也最奇異。**睡夢中動彈不得的我們，成了被俘虜的觀眾，安全地囚禁在自創的夢境劇院裡，觀賞著只為唯一觀眾上演的情節。

睡眠實驗室進行研究時，會在不同時間喚醒做夢的人。我們也從他們的研究得知，夢境會隨著夜晚的推進而改變。初入睡時的夢境往往包含較多清醒生活的元素，而夜晚結束前的夢境可能情感較豐富，並融入了從前的自傳體記憶，這些醒來之前的夢最有可能被我們記住。此外，夢的基調也會隨時間變化：一開始時較為負面，隨著夜晚加深，逐漸變得正面。

與此名患者合作的經驗讓我深刻地體認到，**夢與人體有著密不可分的關係，做夢的心智與健康之間的關聯，也許遠超乎我們想像。**

夢可預警未來的疾病

我們過去並不知道，「五十多歲的男人加上睡覺時出現夢境實演行為」此種獨特的症狀組合，多年後會發展出名為「突觸核蛋白病」（synucleinopathies）的腦部疾病。而且，此種案例並非偶爾出現，而是幾乎總是如此。出現夢境實演行為卻無已知原因的人，在診斷後十四年內，高達97%的人會罹患帕金森氏症或路易氏體失智症（Lewy body dementia）。

突觸核蛋白病是此類神經退化性疾病的專有名詞，其特徵是 α 突觸核蛋白（alpha synuclein）異常堆積。這些小分子蛋白質天生存在於神經元內，並具有重要的調節作用，例如：維持神經元之間的突觸。罹患突觸核蛋白病時，α 突觸核蛋白會錯誤折疊，這些錯誤折疊的蛋白質通常會聚集，形成分子汙泥，並帶來可怕後果。而且似乎還會在細胞之間擴散，造成越來越多損害。此種畸形蛋白質究竟如何導致夢境實演行為，目前仍不得而知，但兩者顯然存在不容忽視的相關性。

臨床症狀多半是伴隨著潛在疾病出現，但有些症狀會在疾病真正發作前先浮現。醫學上稱此種警訊為前驅症狀（prodrome），即出現在疾病本身之前的症狀。例如：發燒和食慾不振可能是感染的前驅症狀。但多數前驅症狀發生在疾病發作數小時或數天前，而不是像夢境實演和突觸核蛋白疾病那樣早在十多年前。

在我的患者那看似無關的狀況中，夢預示了他的大腦和神經即將衰退，而且比任何症狀出現或診斷測試早了數年。此人的夢及其夢境演變和他的身體健康息息相關，雖然我們至今仍難以理解為何如此，但可以確定的是，**夢境實演行為在預測突觸核蛋白疾病上的能力十分驚人，幾乎和使用造影技術或血檢來診斷疾病一樣準確，而且少有能**

在數年前就如此確定的預測。夢境實演患者指出，他們的夢境生動、暴力且緊張刺激，而且通常涉及對自己或親近之人迫近的身體威脅。根據五十、六十和七十歲男性的夢境實演公開紀錄，當中不乏拳打腳踢、纏鬥、逃離襲擊者或野獸等混亂情況，例如：一名男子用枕頭來抵禦想像中的翼手龍。他們夢境中出現野獸的情況，與思覺失調症有些相似之處，但這些夢境敘事，並不像思覺失調症會延伸到白天的現實之中。

夢境實演表現可能會十分暴力。出現夢境實演行為的人做出夢中的動作時，多半不會起身，但有時當他們在逃避想像中的追趕者時，會跳下床摔倒或撞到牆上。一名男子曾經夢見自己與一名襲擊者搏鬥，結果卻將妻子的頭緊挾在腋下。其實男性經常夢見自己在保護另一半不受攻擊，結果醒來卻發現自己在攻擊配偶；另一方面，女性較少出現夢境實演行為，她們的夢境也較不具攻擊性。而且，女性有別於男性，她們出現夢境實演的動作時，夢境內容通常不會是與攻擊者對峙。

既然在帕金森氏症和其他突觸核蛋白疾病前驅的夢境實演表現中，攻擊性是共同的特徵，大家不免會誤以為這些人天生就較具攻擊性，夢或許只是反映了他們的真實性格。結果顯示，事實恰恰相反。研究人員發現，這些夢裡好鬥的做夢者在白天的攻擊行為問卷中，得分實際低於平均。換言之，這些人醒時通常個性溫和，但睡著時卻十分粗暴。日間性格與夢境行為之間為何會存在如此奇怪的落差，至今仍是未解之謎。

不過，並非所有實演的夢境行為都如此「鬥志高昂」。科學文獻中也提及了飲食等非暴力的夢境實演行為，其他還有大笑、唱歌、鼓掌、跳舞、接吻、抽菸、摘蘋果和游泳等行為，像是一名夢見自己在釣魚的男子坐在床邊，假裝手裡拿著釣竿。

由於夢境實演行為和新出現的夢魘是帕金森氏症的臨床先兆，而且在神經退化性疾病的運動症狀首度顯現的前數年、甚至數十年，這些現象可能早已出現。因此，醫師若能多留意患者的夢境和做夢情況，也許有機會真正進行早期介入。自從二十多年前遇見我的病人以來，我也逐漸從其他相關病例中了解，**夢也許警告或告知了我們關於自身健康狀況的資訊**。

例如：二十世紀中，列寧格勒神經研究機構（Leningrad Neurological Institute）的瓦西里‧卡薩特金（Vasily Kasatkin）收集了三百五十多名患者的夢境報告，並從中歸結出：**身體疾病會影響夢境**[1]。卡薩特金收集的一千六百多份夢境報告中，90% 的內容皆為負面，涉及戰爭、火災和傷害等主題。有趣的是，實際感受疼痛的夢非常罕見，紀錄中只出現在 3% 的夢境。身體疼痛少見於夢境的這項發現，後來也獲得了其他研究證實。

卡薩特金還發現，夢經常在疾病的臨床症狀出現之前，更早透露出訊息，但他並未給出確切的比重。正如夢境實演行為預示了帕金森氏症和其他路易氏體病變一樣，卡薩特金的研究使他確信，不愉快或惡夢般的夢預告了身體疾病。他提及有名胃炎患者夢見噁心、變質的食物和嘔吐；另一名患者夢見老鼠咬穿他的腹部，後來被診斷出患有潰瘍。他認為，病人的夢與其他惡夢不同，因為它們會持續整夜，而且似乎與身體患部有某種關聯。例如：患有肺病的人會做關於呼吸困難的惡夢。卡薩特金也記錄了夢境在生病和康復過程中的變化。

這種夢與身體的連結雖然聽來引人入勝，但也相當難以證明，原因是患者多半是在生病後才回想起自己的夢。也許這僅僅是某種確認偏誤 —— 患者生病了，然後想起一個似乎在警告他們的夢。為了找到更有力的科學證據，研究人員試圖擷取夢境，然後觀察它們與未來健康狀況有何關係。

在一項研究中，一組心臟病患者在接受常見的心導管檢查術之前，被問及他們的夢境。此種心臟手術主要利用導線來打開冠狀動脈的狹窄處，研究人員在受試患者出院後，進行了六個月的追蹤調查，將他們的健康狀況以六點量表評分，分為痊癒、改善、無變化、惡化且未再次住院、惡化且再次住院，以及死亡。

值得注意的是，**研究人員發現患者的夢境敘事與他們的臨床表現相關**。無論最初的心臟病多嚴重，夢見死亡的男性和夢見分離的女性，極有可能經歷更糟的臨床結果，這意味著夢在某種程度上為他們的預後提供了線索。這些夢是某種身體健康訊號嗎？它們是否傳達了做夢者對疾病和康復的態度？我們無從得知，但這些發現相當引人注目，並暗示了做夢的心智和身體健康之間存在某種聯繫。

聽從夢境的警告甚至引導患者診斷出了癌症。有一項研究描述了部分女性因為具警告意味的夢境，而決定接受乳癌檢查，而且最終也診斷出罹癌。據她們形容，這些具有警告意味的夢境鮮明逼真，感覺侷促，並帶有威脅、惡兆或恐懼感。有些夢甚至包含了「乳癌」或「腫瘤」等字眼，有些則有與乳房實際接觸的感覺。幾乎所有經歷過此類夢境的女性都表示，她們深信夢給了她們重要的警示。

數千年來，涉及牙齒的夢境也十分常見，而且總是令人著迷且恐懼，尤其是牙齒脫落的夢。古往今來，夢見掉牙常被解讀為預示著令人不快的事件，例如：家人去世或破財等。1633年出版的書籍《鄉下人的顧問》（*Countryman's Counsellor*）指出，夢見血淋淋的牙齒預告著做夢者自己的死亡。除此之外，網路上關於牙齒夢的解釋也不勝其數。

然而，人會夢見牙齒，真實原因也許十分普通。夢見牙齒可能與睡著時牙齒受到刺激有關。數名以色列研究人員針對兩百一十名大學生主持了一項研究，結果發現，涉及牙齒的夢與醒時牙齒、牙齦或下巴的緊張感相關，可能是因為睡時用力磨擦或緊咬牙齒[2]。如果其他研究也佐證了這些發現，那麼關於失去牙齒的經典夢境，來由或許相當平平無奇。

至於我的病人，我自此再也沒有見過他。但從他的夢，我能預見他未來的生活模樣。他將會患上漸進式神經退化疾病，心智逐漸受到破壞，最終導致死亡。而我隨著生活和事業開展，每每在科學文獻或閒談當中碰到身心連結的主題時，都會想到此名患者 —— 以及夢境和做夢行為的改變，也許是大腦對即將發生的疾病最先發出的警訊。

然而，夢與我們的健康，也許還有另外更重要的聯繫 —— 夢能解放心靈。

❋ 做夢幫助我們應對情緒困擾

幾乎所有人都曾夢見過考試遲到、在公共場合赤身裸體，或錯過飛機、公車。在夢中，沒什麼能阻止我們表達自己最深的恐懼、暴露真實的情感或最醜惡的想法。**做夢為我們提供了無風險的方法，來處理心碎、身體欠佳和其他困境。**

以夢與離婚為例。離婚無疑是成年生活的一大劇變，是擾亂個人生活核心關係的壓力事件，而且對健康也影響深重。大型研究發現，平均而言，離婚對平均餘命的影響其實無異於肥胖或酗酒。有些離婚的人能安然度過婚姻破裂，但有些人卻是一團糟。能夠重振旗鼓的人和衰頹不振的人之間，相差的可不只是心態。夢也有所幫助，讓人能以健康的方式走出如此令人傷心的人生變故。何以見得？

有一項深入研究，對象為經歷離婚的女性。研究發現，那些最能忘掉過去、重新開始的女性可能會持續夢見她們的前任伴侶，但她們對這些夢不再有負面反應[3]。前任出現在夢裡時，她們感到不為所動。這種情感上的冷漠令她們感到解脫，幫助這些女性走出了離婚的陰影。**夢見前任並不代表渴求或遺憾。夢裡所流露的情緒才是理解個人想法的關鍵，而非夢境內容。**

有趣的是，研究人員發現，成功面對婚姻終結的人，更可能記住自己的夢。這也許是因為在白天回憶夢境有助於做夢者的思考，增強了夢的潛在療癒價值。這些研究受試者都正試圖應對人生中始料未及的情感事件，記住自己在夢中對前任伴侶所感到的淡漠，也許具有某種情感宣洩或淨化心靈的效用。

在我看來，談話治療（talk therapy，和專業心理師對話，俗稱心理諮商）也猶如做夢，讓人能在安全的環境表達自我，推敲各種假設情境，探索個人情感。夢的內容亦可成為治療中的討論話題，但原因並非如佛洛伊德所推測，不是因為夢揭露了被壓抑的慾望，而是因為夢暴露了我們的真實情感。美國馬里蘭大學舉足輕重但現已退休的心理學教授克拉拉・希爾（Clara Hill）認為，夢不僅個人、私密，而且有時「令人費解、駭人、創意十足且反覆出現」，因此有助於我們更深入了解自己[4]。但希爾也承認，由於諮商師受過的訓練並未涉足此一領域，經常難以伴隨客戶一同深入挖掘夢境的意涵。

除了夢本身具有的潛在療癒力之外，**我們經歷最情緒化的夢境時，大腦也會發生有益的化學變化。**快速動眼睡眠期間，大腦會關閉引發焦慮的腎上腺素，一天中唯有此刻會發生這種情況；此時，做夢猶如暴露療法（exposure therapy，焦慮症的一種治療方法，將患者暴露於焦慮源中，提高其耐受度及適應力），**人在安全的夢境環境中「暴露」於潛在的情感觸發因素中，但腎上腺素被關閉了，所以，夢境的情感衝擊也較低。**因此，人們在經歷了情感強烈的夢境和一夜好眠後醒來，會表示負面情緒減少了。

分享夢境能創造親密感

夢提供了相當私密的視角來觀察個人的內心世界，因此，分享夢境也許是展現信任、脆弱或親密情感的表現。研究也顯示，與伴侶分享夢境內容是增進關係的絕佳方式。此外，夢還有一大好處，它們是象徵性的，而非實質事物或內容，因此，**我們能透過分享夢境，公開討論感受和家庭議題，但不涉及責備、防備、推託或權力鬥爭。**關係中的親密情感和滿足感相輔相成，所以，分享夢境無疑有助於關係的深化，幾乎沒有什麼體驗如此私人又揭露自我。

有一項研究針對每週三次、每次三十分鐘分享當日事件的夫婦，和每週三次、每次三十分鐘分享自己夢境的夫婦進行比較[5]。兩組人的婚姻親密感和滿足感都有所進步，但夢境分享組的親密感得分明顯較高。其中顯著的案例是一對結婚十多年的夫婦，雙方都表示需要更多親密感。丈夫覺得他對妻子完全敞開心扉，但妻子卻感覺與丈夫缺乏情感連結。當丈夫分享自己的夢境時，他展現了截然不同的一面。白天的他沉默寡言、嚴肅；但夜晚在夢裡，他熱情洋溢且叛逆。分享和了解彼此的夢，讓兩人都激動不已，也為他們的婚姻生活帶來了新面貌。

　　美國一所最高戒備的女子監獄中，一名社工成立了每週一次的夢境分享會。結果發現，分享夢境有助於促進獄友之間的信任感、群體感和連結感[6]；也幫助獄友無懼尷尬地表達情感，並應對被監禁的艱辛。一名獄友表示，這個團體幫助她了解了過去的事件如何導致她入獄，另一名獄友則說：「我喜歡在團體裡能放心分享大小事，大家態度都很開放，不會評斷你。他們支持你和你做的夢。」

　　英國斯旺西大學（Swansea University）的研究人員針對夢境分享團體的益處進行研究[7]。他們發現，分享和討論夢境讓人能深入檢視自己的清醒生活，獲得洞見；然而，若少了團體的協助，他們可能難有所獲。夢境分享團體也有助於對做夢者更具同理心，並促進夢境分享者和聽者之間的社會連結。

　　精神科醫師蒙特・烏爾曼（Montague Ullman）在紐約布魯克林的瑪摩利醫院（Maimonides Medical Center）創辦了夢境實驗室，並大力推廣夢境分享團體的益處[8]。他針對這些團體制定了一套流程，相同流程亦見用於關係中的伴侶。

　　第一步是做夢者不加解釋地完整敘述自己的夢。若夢中出現其他人物，做夢者會說明他們是不是真實人物；若是的話，做夢者會解釋他們與自己的關係。

接著，團體內各成員會自問「如果這是我的夢，我會感覺……」或「如果這是我的夢，這些象徵符號會讓我想起……」。大家在思考時，不會看著做夢者或直接與做夢者交談。烏爾曼指出，此舉不僅顯示團體成員認真看待他人的夢境，有時亦可能提出讓做夢者認為深刻的觀察。然後，再邀請做夢者回應。

最後，其他成員可以向做夢者提問，幫助他們找到夢境和清醒生活的聯繫以及夢的潛在意義。烏爾曼認為，夢境分享團體最重要的技能，就是善於傾聽和提出有助於獲取資訊的問題。

夢境分享團體為我們提供了機會，透過做夢這項個人最私密的行為，來建立社群並促進理解。分享夢境能讓他人以全新方式理解我們，正如理解自己的夢境是認識自己一樣。依我之見，理解和分享自己的夢境，人生才能活得更充實、完整。

❀ 透過夢境來評估憂鬱和成癮問題

憂鬱症會影響我們對世界的看法、我們的動力，當然還有我們的情緒。白天時，憂鬱症也許會讓我們感覺充滿絕望、空虛和無助；到了夜晚，如此沉重的情感負荷可能會延續到夢中。

毫不意外地，憂鬱症患者夢見的景象往往陰鬱悲觀。即便是醒時感到悲傷但臨床上並非憂鬱的人，夢裡也往往有更多負面情緒。同樣地，清醒時表示心情不好的人，夢中會出現更多攻擊性的內容、負面情緒和災難。

夢還能作為心理健康的衡量指標。夢也許會向重度憂鬱患者發出不祥的警告。重度憂鬱患者比起非臨床憂鬱患者，做惡夢的頻率高出兩倍以上。不過，目前尚不清楚其中的分子機制。

然而，更令人憂心的是，惡夢似乎會加重憂鬱症患者自殺或企圖自殺的風險。一項研究觀察了非憂鬱症患者、憂鬱症患者和自殺患者的夢境，結果發現，夢境敘事是預測自殺行為的有力指標。自殺患者較常夢見暴力、血腥和謀殺相關的內容。青少年惡夢連連，也與隨後的自殺傾向和非自殺性的自殘行為相關，這點發現也為我們提供了早期介入的重要契機。

不僅如此，憂鬱症還意外地改變了人的睡眠行為和做夢方式。憂鬱症患者的睡眠結構會發生變化，快速動眼睡眠之前的深度睡眠時間會縮短，而快速動眼睡眠的長度和情緒強度則會增加。研究人員利用功能性磁振造影等非侵入性的影像技術，來測量腦部活動相關的血流變化，發現非憂鬱症和憂鬱症的人做夢時，腦部的情緒和邊緣系統存在差異。**快速動眼睡眠期間，所有做夢者的情緒和邊緣系統都比清醒時更活躍，但憂鬱症患者的情緒活動更為強烈。**

此外，隨著每九十分鐘的睡眠週期推進，憂鬱症患者在快速動眼睡眠期間做的夢通常會每況愈下，原因也許是這些夢聚焦在負面記憶，形成了焦慮和恐懼的惡性循環。憂鬱症患者或許也因此起床時總是格外掙扎，不是因為睡眠中斷，而是受到起床前最後一個夢的負面情緒影響。

　　部分憂鬱症患者表示，不睡（至少一晚）之後，他們實際感覺更好。心理學家卡瑞特決定看看縮短快速動眼睡眠能否幫助臨床憂鬱症患者[9]。多數人在經歷生動的夢境時被喚醒，隔日起床時通常會感到疲倦和易怒。然而，中斷臨床憂鬱症患者的快速動眼睡眠，反而讓他們晨起時的情緒和精力更好。如前述，對於非憂鬱的人來說，夢具有夜間療癒作用，有助於緩解負面情緒。然而，在憂鬱症患者身上，此功能似乎失了效。卡瑞特歸結，打斷憂鬱症患者情緒強烈的夢境，也許能減緩夢的負面影響，阻止他們走向不幸。

　　但她的研究發現並未提供單靠改變睡眠來治療憂鬱症的方法。其實，在睡眠實驗室外，想要只縮短快速動眼睡眠十分困難。此外，快速動眼睡眠不足時，大腦便會感到「飢渴」。一旦我們有機會好好睡覺，就會立刻彌補缺乏的快速動眼睡眠和伴隨的夢境。

　　另外，夢也能提供成癮相關的重要線索。成癮者康復初期，夢見酗酒或吸毒的情況相當普遍，尤其是長期有這些問題的人。事實上，成癮者在戒斷初期，夢見飲酒或吸毒比實際做這些事更為常見，彷彿夢境是在滿足他們醒時未能撫平的渴望。同時，他們的夢境也時常令人不安，並使他們產生強烈的恐懼、內疚和悔恨感，一直持續到康復中的成癮者醒來。不過，隨著渴望消退，酗酒和吸毒的夢通常也會逐漸減少。

你可能會認為，癮君子夢見再度使用毒品是個壞預兆，但事實恰恰相反。**夢見飲酒或吸毒，被視為接受治療的成癮者預後良好的徵兆**。慶幸夢見吸毒或酗酒只是一場夢，象徵了觀點的轉換，特別是當康復中的癮君子在夢裡拒絕使用毒品或酒精時。一名來自巴西、正在戒除快克古柯鹼的成癮者如此形容：「夢裡的我很清楚自己不能用藥，我把毒品拿在手裡，但最後交給了別人。所以，我的潛意識正在改變自己的思維和行為方式，這真的很棒。我醒來後甚至很高興知道自己在夢裡沒有吸食快克古柯鹼。」[10]

夢能示警即將發生的腦部疾病

儘管臨床醫師鮮少與患者討論，但夢的失調或功能障礙，也是帕金森氏症末期的症狀之一。此種疾病最明顯的症狀是肢體功能惡化，例如：失去平衡和協調能力、步行需要輔助，以及聲音變得微弱且含糊，但近80%的帕金森失智患者都會經歷密集的惡夢。**充滿肢體動作且具攻擊性的惡夢，可能是帕金森晚期和失能的首個跡象。**

如先前所知，帕金森氏症患者也常提及動物出現在他們的夢裡，但這通常是兒童經歷的現象。而且，他們夢中的動物如同孩童的夢，不是他們的寵物或家畜，而是野生動物。我不禁心想，動物角色隨著大腦退化再度顯現，是否意味著我們回到了更原始的自我，不只回到三萬年以前，而是三萬代以前的人類大腦。發育中的大腦和衰老的大腦都夢見動物，會不會是人類先祖的認知遺產，來自於野獸和早期人類共存、大腦快速進化的時代？有此疑問並不是奇思異想，諸如夢魔之類的夢境疾患，可能會在家族中集中出現，甚至具有遺傳性。

出現夢境實演行為的中年男性，最終幾乎不可避免地會罹患帕金森氏症。不過，夢境模式的變化也可能是另一種更常見疾病的前兆，也就是破壞人心智和大腦的阿茲海默症。

今時今日，我們可以利用先進的造影技術，建立大腦各部分代謝活動的熱區圖，以測量能源消耗。消耗的能量越多，代表腦部區域越活躍。高度活躍的區域在熱區圖上顯示為紅色，不活躍的區域則為藍色。研究人員從阿茲海默症患者身上得到了一些驚人的發現。熱區圖上藍色的腦部區域（即處於休眠狀態的區域）與想像力網絡重疊。**想像力網絡受到阿茲海默症的影響而難以啟動，這點可能會在患者入睡時顯現。**

話雖如此，但阿茲海默症會導致夢境消失嗎？抑或，夢境消失是阿茲海默症的前兆嗎？部分科學家如今提出了一個問題：夢的匱缺是否會加劇腦部衰退？有人甚至進一步認為，阿茲海默症本身也許是一種失去夢境的疾患：除了記憶流失之外，阿茲海默症還會導致情緒調節能力的喪失。我認為，夢境的衰退可能影響了阿茲海默症患者的情緒調節，因為夢每晚都在幫助人調節情緒。不過，由於患者的記憶受損，我們也許永遠無法釐清他們究竟是夢境或記憶力衰退，或兩者兼之，畢竟大腦和心智如此密不可分又彼此影響。

以解離性身分障礙（前稱為多重人格障礙）的患者而言，夢與個人身分的關係更是錯綜複雜。解離性身分障礙是一種精神疾病，患者具有不同的獨立人格，在不同時刻控制他們的行為。結果發現，這些所謂的「交替人格」（alters）通常是先出現在夢裡的角色，隨後才在清醒時控制個體的行為。這些夢裡角色可視為交替人格的原型，是將於白天浮現的交替人格試行版。

多重人格患者的掃描影像顯示，他們的大腦完好無缺，意味著交替人格並非大腦實質產生分裂或裂隙的產物。有趣的是，我做過必須「劃分」左右腦半球的手術，甚至切除整個半球，但這些病患並未表示夢境發生轉變，更遑論出現新的人格了。解離性身分障礙的交替人格遠比生理異常更耐人尋味，它們是做夢者的創作品。

患有解離性身分障礙的人可用其他不同方式做夢。有時，一個交替人格會出現在另一個交替人格的夢裡。心理學家芭瑞特研究了不同的交替人格如何從各異的視角回憶同一場夢[11]。例如：一名患者描述了一場夢，夢中的她是蜷縮在床下的小女孩，擔心有人要傷害她。另外的交替人格也回憶起同樣的夢，但她在夢裡是另外一名孩子，試圖讓受驚的小女孩分散注意力，而第三個交替人格則試圖恫嚇床底下的小女孩。

思覺失調症是精神重症，會導致人異常解讀現實情況，此種狀況也會顯現在夢中。思覺失調症患者經常出現幻聽，或感覺有人想迫害他們，而這種混亂且扭曲的世界觀也會帶入到他們的夢境。思覺失調症患者的夢境報告確實令人毛骨悚然，可能充滿攻擊和虐待，也常伴隨著肉體殘害的景象。在多數人的夢裡，四分之三的人物可能是私下認識的人，或具備某種社會角色，如銀行出納、師長或友人；但是，思覺失調患者的夢中，常會出現異常多的陌生人，通常是成群出現的男性。患者接受抗思覺失調藥物治療後，臨床狀況通常會有所改善，他們的夢變得較不駭人，情感上也較為正面，不過患者依舊表示在夢中見到眾多陌生人。

既然所有證據都顯示，夢能為我們提供身體健康的線索，包含阿茲海默症的進程、解離性身分障礙和思覺失調症等，患者的夢境不能成為醫療評估的例行作業之一，就令人感到疑惑了。

◉ 夢對人造成傷害時

偶爾做惡夢很常見，可能由壓力或焦慮所引起。整體而言，惡夢對人並無害，只是會讓人驚醒、感到害怕，但不太可能影響我們的整體健康或福祉。然而，夢魘疾患的惡夢又另當別論，這些反覆出現且令人痛苦的惡夢，會影響我們白天的正常運作。這些惡夢折磨人且頻繁的程度，讓有些人甚至開始害怕入睡。發生如此令人憂心的情況時，應與醫師或諮商師討論處理，否則可能會陷入失眠、白天嗜睡和焦慮的惡性循環。

惡夢可用作衡量情緒健康的指標。 若你突然間惡夢連連，但以前少有此種情況，最好多加注意。如果惡夢的模式突然改變，也是另一項值得擔憂的事。惡夢可能是心理健康出現嚴重問題的警訊，憂鬱症正是一例。據估，三分之一的精神病患經常做惡夢。依我之見，留心惡夢與注意頭痛沒有兩樣，如果我們從偶爾頭痛變成頻繁頭痛，就該告知醫師，惡夢亦是同理。

近四分之三的創傷後壓力症候群患者經常做惡夢。惡夢有別於感染引起的發燒，或身體受傷引發的疼痛，它不僅是創傷後壓力症候群的症狀，還能造成實質的情感傷害。

創傷後壓力症候群其中一項特徵，就是反覆夢見創傷事件。 這些夢在夜間伴隨著恐懼、憤怒或悲傷，在日間則表現為高度警覺和焦慮。創傷後壓力症候群的惡夢與非創傷引起的惡夢不同，後者可能是有益的，甚至如第 2 章所述，在兒童發育期間發揮了重要作用。《心靈的傷，身體會記住》（*The Body Keeps the Score*）一書作者暨精神病學家貝塞爾・范德寇（Bessel van der Kolk）指出，創傷不在於過去，而在於它如何存在於人的內心，而且「夢本身可能會令做夢者受創」[12]。換言之，夢見創傷事件可能會讓做夢者再度受到衝擊。關於這方面，證據顯而易見。做惡夢時，我們的心跳和呼吸都會加快，彷彿在經歷真實事件一般。而且，做夢時活化的腦部區域，與醒時大腦做出反應的區域相符。例如：跑步會啟動運動皮質，而人感到恐懼時會觸發杏仁核。

另一方面，**夢也能隨著時間過去，用療癒的方式重塑創傷事件。**每個人一生幾乎都曾經歷創傷，但我們醒時和睡夢中的反應可能天差地別。有些人遇到車禍、頓失至親或成為犯罪受害者等事件，能在受創後東山再起，此種心理反應稱為創傷後成長（post-traumatic growth），有些人則不然。**若我們能關注自己的夢，判定它們是象徵性的或重現現實，就能更認識自己如何處理內心的情感與創傷。**

剛經歷創傷的人通常情感焦點較為明確，所以，近期的急性創傷倖存者是夢境研究的理想對象。美國研究學者哈特曼針對了四十位急性創傷倖存者，進行了為期兩週至兩年的夢境系列研究[13]。據他發現，從創傷中復原，通常表示夢境從貼近真實轉向以其他的視覺方式呈現。**夢的內容會從重演或精確複製創傷事件，轉變為象徵性的敘事。**

創傷後一個十分常見的夢境，就是關於海嘯。各類創傷受害者都表示夢見過海嘯。據哈特曼指出，其夢境敘事如下：「我與不知名的友人沿著海灘散步，突然間高達九公尺的巨浪把我們捲走。我在水裡不停掙扎，不確定自己是否成功逃脫，然後我就醒了。」哈特曼發現創傷倖存者也會夢見被旋風捲走。他表示，一名女性在遭到殘酷襲擊後，最初的四個夢分別為：被一群人攻擊、被窗簾勒住、擋在迎面駛來的火車軌道上、被捲入旋風。儘管這些夢令人不安，卻是象徵復原的跡象。

隨著時間推移，創傷感覺不那麼貼近或即時之際，事件的情緒衝擊也會有所變化，夢中景象也隨之改變。一開始涉及恐懼或驚恐的夢境，可能會轉變為體現無助和脆弱，在夢中也許會顯現為小動物在路邊死去，或在大雨中毫無遮蔽地行走於廣闊田野。接著是夢見代表了倖存者負疚感的核心影像，然後是悲慟。

值得注意的是，不論是誰，都不免會在人生某個時刻經歷創傷，但並非每個人都會患上創傷後壓力症候群。究竟誰在經歷創傷事件後會出現創傷後壓力症候群，誰又不會，其中的變數仍難以捉摸。因此，想預測誰無法擺脫創傷記憶及伴隨的惡夢，或誰能告別創傷向前邁進，即便不是不可能，也難如登天。但是，神經生物學最新一項突破發現了「神經張力素」（neurotensin）這種單一分子，也許可作為某種分子開關。

美國南加州沙克生物研究所（Salk Institute for Biological Studies）研究員李浩帶領了一支團隊，針對正面和負面記憶的編碼方式進行研究[14]。他們歸結，一種名為「神經張力素」的訊號分子猶如記憶的開關，可在當下決定記憶被杏仁核編碼為負面或正面，而杏仁核正是執掌大腦情感記憶的區域。此項研究發現，神經傳遞物質可永久標記一項經歷，這可能也為我們開啟了一扇門，進一步理解創傷後壓力症候群背後的生物學原理。就創傷後壓力症候群而言，神經張力素也許讓患者的大腦充斥了過多的負面訊號。若此事為真，神經張力素或許能提供新的治療途徑。令人期待的是，我們也許能透過調節神經張力素，來治療創傷後壓力症候群反覆出現、重複使人受創的夢魘記憶。

不受控的惡夢，可能會將患有精神疾病的人帶入心靈的暗黑之地，而且惡夢還可能逃離夢境世界，以精神病發作的形式進入現實生活。有一項病例是，一名七十八歲的男子因自殺未遂而入院，他過去三年來一直飽受惡夢折磨。惡夢總是相同：一名揮舞著斧頭的男人帶著大狗在追趕他。由於實在太過嚇人，病人甚至試圖完全不睡來避免入夢。住院前兩週，此名患者不停因男人和大狗的幻聽和幻象而驚醒。最後，他嘗試用斧頭自盡，想「替這個男人做個了斷」。其他惡夢轉為精神病發作的案例不計其數，這不僅強調了夢境和清醒生活的界線多麼模糊不定，也彰顯了惡夢超越現實且穿透人心的本質。

◉ 夢讓人更完整

在夢中，我們能用可預期或看似不合理的方式，使自己完好無缺。截肢者曾談及夢見再度擁有失去的肢體，他們失去的手臂和腿完整如初。**儘管睡眠時的大腦並未收到被切割肢體傳遞的訊號，但做夢的大腦卻能使用這些不存在的肢體，彷彿從未失去過它們一般。**

各項研究中，截肢者均道出了現實世界不可能實現的夢境。例如：手臂截肢的男子夢見用雙手打死蚊子；另一名男子則是夢見自己駕駛法拉利泰斯塔羅莎（Testarossa）時換檔的畫面，而且之後還一手拿著香檳，一手拿著酒杯，為朋友倒酒。一名腿部大半截肢的女性，夢見了自己試圖逃離頭上低空飛過的飛機。

夢讓人變得完好無缺，夢裡發生的情境也相當不可思議。兩名因慢性脊髓損傷只能坐輪椅的女性，各自表達了令人驚訝的事實。兩人分別描述了自己的夢，夢中都出現了她們的輪椅，但她們鮮少坐在上面，反而是更喜歡推著空輪椅。

另外一例是出現夢境實演行為的帕金森氏症患者。夢讓他們能克服清醒時身體的限制，他們違背了所有科學邏輯，展現出了所謂的「矛盾動作」（paradoxical kinesis）。帕金森患者在白天時可能四肢僵硬、緊繃，動作緩慢，幾乎有如石化。這並非患者缺乏意志力，而是因為從大腦到身體的訊號傳遞出了問題。然而，當他們在睡夢中出現夢境實演行為時，動作卻意外地並不緩慢或抽搐，反而能快速流暢地活動。他們白天所經歷的顫抖、虛弱和僵硬都消失殆盡，聲音也發生變化。當他們在睡夢中大喊時，白天微弱顫抖的聲音如今聽來響亮而清晰。矛盾動作的現象令人困惑，科學家至今未能完全理解其背後機制。

隨著我們對夢的神經科學越來越認識，也益發了解唯有夢能揭露和釋放的身心潛能。我們的夢境不僅擁有無邊無際的想像、敘事和聯想，做夢的心智還擁有了其他力量。

★

　　自從約二十五年前遇見那名患者以來，我終其一生都從各種科學角度，全心投入於人類大腦（人類自身）的照護與研究。我了解得越多，就越對人類心智的奧秘感到敬畏和讚嘆。

　　人類心智其中一項能力是，在夢中保持清醒並控制夢境的走向，這聽來是否更像是魔法而非科學。儘管關於此現象的敘述已流傳數千年，但直到近十年，我們才有能力進行科學調查，並證實**人類大腦確實可以一邊做夢，同時保持部分清醒**。

清明夢：
清醒與夢境意識的奇妙互動

　　1975年，一項實驗震驚了神經科學領域[1]。這項實驗的目標是希望能顛覆我們對清醒、睡眠和做夢的理解，展示做夢者在夢中能夠具有自我意識，並透過與外界的交流來證明此點。換句話說，其研究目的就是為了證明清明夢真實存在。

　　實驗找來了一名受試者艾倫‧沃斯利（Alan Worsley），在英國的睡眠實驗室裡按照非常具體的指示入眠[2]。沃斯利被要求，當他在夢中意識到自己在做夢時，來回移動眼睛。他受指示以清醒時演練過的方式，順暢地「左－右－左－右」移動眼睛，以顯示他的眼球運動並非隨機。這些刻意為之的眼球運動，不太可能與快速動眼睡眠無規律的眼球運動混淆。

　　實驗的指令主要關於眼部，原因是快速動眼睡眠期間，除了控制眼球運動和呼吸的肌肉之外，其他肌肉都處於癱瘓狀態。這使得做夢者有如罕病「閉鎖症候群」（locked-in syndrome）患者，患有此疾的人因腦幹嚴重損傷，從眼睛以下呈現癱瘓，只能透過眨眼或眼球運動進行交流。此項研究的嘗試十分大膽，但研究學者凱斯·赫恩（Keith Hearne）深知，越重大的主張，越需要強而有力的證據。即便是眼球運動，任何盡職的科學家都該合理懷疑：我們如何確知受試者不是剛好醒來，並左右移動眼睛？

有此疑問，合情合理。赫恩也預料到了這一點。因此，他在清明夢者的頭皮上連接了數十個電極，以便在整個實驗過程中記錄睡眠的電活動特徵，即記錄「睡眠紡錘波」（sleep spindle）此種電活動的峰波，這是無法偽造的。此外，還有一組電極用於追蹤受試者的肌肉電活動，其中顯示了肌張力下降（atonia）的狀態，也就是受試者身體幾近完全癱瘓；此種電活動測量方法（或在此例中，是缺乏電活動的狀態）也無法偽造。

何謂清明夢？清明夢是一種人在夢中，卻意識到自己在做夢的體驗。清明夢意味著進入一種似是而非的神祕狀態，一種橫跨不合邏輯的生動夢境和洞察力的雙重意識，做夢者既是想像世界的創造者，亦是演員。部分情況下，清明夢者能更進一步，即時地進行夢境導航，控制清明夢中的行動。

清明夢不是什麼嬉皮或一代宗師發掘的心靈探險，而是自古以來早已存在。早在赫恩和現代科學觸及清明夢領域之前，此種現象就已廣為人知。西元前四世紀的古希臘時代,亞里斯多德在其著作《論夢》(*On Dreams*)中就曾提及清明夢。他寫道:「人在睡夢中時,常有一種意識宣告那時呈現的只是一場夢。」

儘管數世紀以來一直有對清明夢的記載描述,但神經科學界多半對清明夢的主張抱持懷疑,我亦是如此。根據定義,夢發生在我們的意識之外。也許有人認為自己做了清明夢,但其實只是夢見自己是清醒的,就像夢中夢一樣。抑或,他們也許短暫醒來又重新入睡,而誤以為自己在夢中具有意識。也許他們並未完全睡著,或正在醒來的過程中,而他們以為的清明夢更像是半夢半醒的錯覺。

研究人員面臨的另一項問題是,**即便清明夢可能存在,該如何證明**?畢竟,你如何在不喚醒受試者的情況下,客觀證明對方正在做清明夢?而且,一旦將受試者喚醒,就只能仰賴他們的主觀記憶。正如赫恩所知,有些測試對象急於討好研究人員,因此姑且聲稱自己做了清明夢,因為那正是研究人員想聽到的。同樣令人煩惱的是,若做夢者在快速動眼睡眠期間,仍處於睡眠狀態且全身癱瘓,那他們如何表明自己進入了清明夢呢?

多年來,研究人員想方設法希望與清明夢者溝通。有人試圖讓做夢者舉起手指,有人則試圖訓練其他小動作,或觸動貼在睡眠者手上的微型開關。這些方法都不管用,快速動眼睡眠的癱瘓無法透過訓練或意志力來克服,這些動作在睡夢中根本不可能做到。別忘了,快速動眼睡眠期間的身體狀態,近似於眼部以下癱瘓的人。直到當時還是研究生的赫恩意識到眼球運動可能是關鍵時，研究才有了突破。

那時，赫恩只是新進的研究人員，誰也料想不到他會開創出夢的全新神經科學領域。他與研究對象沃斯利的相遇純屬偶然。三十七歲的沃斯利幫助赫恩和他的妻子搬家，並提及自己做了清明夢。當赫恩開始研究此主題時，沃斯利自願參與。

當時的睡眠實驗室已經開始使用「眼電圖」（electrooculogram）這種裝置來測量眼球運動，以顯示快速動眼睡眠何時開始。此種裝置是將電極放在雙眼眼周附近的皮膚上，即便在閉眼的情況下，只要眼球移動，電訊號就會有所變化。結果會記錄在電腦上，或像赫恩當時的實驗一樣，以線條顯示記錄在紙卷上。

快速動眼睡眠期間的眼球運動通常毫無規律，眼電圖上不會顯現出任何模式。因此，沃斯利被要求來回移動眼睛。這些刻意的眼球運動不可能與快速動眼睡眠隨機的眼球運動混淆。而且在眼電圖上，也會從正常快速動眼睡眠產生的模糊曲線中突顯出來。

赫恩首度測試清明夢者能否用眼球運動發出訊號的第一個晚上，整晚都沒有收到沃斯利發出的訊號。早上八點多，赫恩認為實驗失敗。他正在收拾圖紙時，沃斯利突然做了清明夢，並試圖發出訊號。可惜為時已晚，裝置已經關閉。

一週後，赫恩次再做嘗試。這次，沃斯利又在早上八點多做了清明夢，但這次赫恩做好了準備。沃斯利的眼球運動在眼電圖的紙卷上，產生了明顯的大鋸齒波。赫恩驚詫地看著，就在片刻前，他還因為整晚熬夜監控設備，半睡半醒地盯著墨水的軌跡滑過。此時他在圖紙上看見的畫面，瞬間讓他清醒，他心知自己正見證著歷史。赫恩後來寫道，他當時心情十分激動，彷彿接收到了來自另一個太陽系的訊號[3]。那一刻，正式開啟了嚴謹的清明夢科學探索大門。

這些滾動的圖紙上下劃動的筆劃，使神經科學界大為震撼。有史以來，第一次有人在做夢時發出了即時訊號，這證明了至少有一個案例、有一個人能在夢中保持清醒。

亞里斯多德記述清明夢的兩千五百多年後，赫恩發表了他的研究發現。他的研究經過同儕評閱、受到質疑，其他研究人員使用了相同方法，自行進行清明夢研究來驗證並擴展他的研究，最終科學界不得不接受赫恩的發現。赫恩發明的「左－右－左－右」眼球運動訊號，如今已成為清明夢研究的黃金準則，也是清明夢的某種摩斯密碼，見用於世界各地的睡眠實驗。在睡眠實驗室中，「左－右－左－右」的眼球運動意味著：我正做著清明夢。

● 清明夢的源起

自那時起，科學界對清明夢的理解不斷擴展，且日益精細，形成了當今一大科學領域。自赫恩的實驗以來，過去四十年間，我們對此主題有越來越多認識，但仍有許多未知之處。研究人員越是深入挖掘清明夢的奧秘，嘗試不同的造影技術，賦予清明夢者新的挑戰，就越希望能更深入理解大腦本身的運作。清明夢彷彿提供了一扇新窗口，讓我們得以一窺過去前所未見，甚至無法接觸的大腦運作方式。

幾乎所有人都表示，自己一生中至少經歷過一次自發的清明夢，約五分之一的人說他們每月至少做過一次清明夢。女性比男性更常做清明夢；兒童也比成人更常出現，並且在青春期後往往會逐漸減少。清明夢彷彿讓意識找到了新維度：一種模稜兩可、遊走於意識和夢境的過渡狀態。**我們可以醒著做夢，或在夢時保持清醒。**

可是，清明夢到底怎麼可能？做夢者基本上仍處於睡眠狀態，如何能意識到自己在做夢？當他們知道自己在做夢時，這種意識為何不會打破魔咒，讓做夢者醒來？大腦內究竟發生了何事，為何能讓意識處於半醒半夢之間？

一如我們所知，平常做夢時，想像力網絡會被啟動，執行網絡則被關閉。由於腦部負責理性、推理和懷疑的背外側前額葉皮質並不活躍，我們不會被不真實的夢境敘事困擾。甚至從根本上來說，我們也不會意識到自己正在做夢，因此才能完全沉浸夢鄉。然而，清明夢中發生了一些事，打破了暫時擱置的懷疑。**清明夢者經常表示，他們是在夢中場景感覺太不真實的那一刻，意識到自己肯定在做夢**。引發清明夢的常見夢境經歷或「夢兆」（dream sign）包括：異樣的情緒、不可能的行為、奇怪或變形的身體，或離奇的場景和情境等。但有趣的是，這些怪事或怪象出現在夢裡，或多或少都算正常。

如此說來，大腦中究竟發生什麼事，竟促成了如此瞬間的理解，讓做夢者清楚認識到自己經歷的一切只是一場夢？如果說夢總是千奇百怪，哪種「奇怪」算得上是清明夢的夢兆？

關於這些問題的解答，目前仍不得而知。但研究人員發現了一些線索，讓我們能一窺清明夢與正常夢之間的差異。例如：腦部造影顯示，**執行網絡在清明夢期間可能部分被啟動**。此外，我們對清明夢的科學知識，大多來自腦電波儀連接頭皮所記錄的電訊號。從腦電圖的紀錄來看，清明夢比起普通的夢，其中一項差異是前額葉皮質高頻腦波的強化。如第1章所述，前額葉皮質掌管了大腦的邏輯思考部分，平常做夢時，此區域通常會被關閉。

研究人員也更進一步研究如何引發清明夢。科學家利用非侵入性的跨顱刺激療法（transcranial stimulation），從顱骨外部向大腦發送微弱的電脈衝，刺激前額葉皮質各部分。結果發現，電刺激可提高清醒度，即便沒有清明夢體驗的做夢者也是如此。跨顱刺激是一項開發中的技術，主要用於治療憂鬱症和偏頭痛等疾病，但它也幫助揭露了大腦和心智運作的方式。有朝一日，我們也許真的會有能讓人隨意做清明夢的儀器。

不過，截至目前，清明夢仍是相對少數人的特權，不是每個人都能進入這個雙重世界。話雖如此，清明夢這項令人驚嘆的心靈壯舉，似乎相當脆弱，而且並不總是完全可以掌控。一項精心設計的實驗中[4]，清明夢者清醒時被要求評估一個場景，例如：家中一個房間，並全心詳記細節。當他們做清明夢時，被要求將當下夢裡的環境轉換為類似於前述記憶中的場景。通常，這些夢無法準確「重現」記憶中的場景，即便清明夢者意識到當中有缺陷，場景也不會有所改變。一位受試者這樣描述他的清明夢：

「我打開門，房裡空無一物⋯⋯於是，我把門關上，試著恢復房裡的一切。我閉上眼睛，想著一個我能記得的物品，然後睜開眼，它就出現了。首先是放著水果的木桌⋯⋯我不停地閉上眼睛，試圖讓場景變完美，但後來事情就失控了。」

這位清明夢者從未成功在他的清明夢裡正確重建房間，其他人也經歷了類似的困難。

雖然人們在清明夢具有部分意識感知，但身體仍像正常做夢一般，對夢裡所經歷的事有所反應。例如：清明夢者在夢中屏住呼吸時，身體會出現中樞神經性呼吸暫停的現象；夢見運動時，心跳會加速；夢到性相關的場景時，呼吸會加快。清醒意識雖然進入了正常夢境，**但意識到自己在做夢，並未減弱身體對夢境敘事的反應。**因此，清明夢者既能洞察自己在夢中，全身又有身臨其境的本能反應。

思及此，此時浮現你腦海的問題也許是，清明夢者在恢復部分意識後，是否感覺夢境有所不同？研究人員給出了一個漂亮答案，他們在清明夢研究中未使用任何外部造影技術或其他尖端科技；反之，他們運用了眼電圖這種簡單基本的監控儀器，睡眠研究常用它來追蹤眼球運動。

若你在醒時「看見」遠處有一群鳥兒緩慢翱翔，你的視線會平順地追隨著牠們的飛行。但是，若你是在清醒時「想像」同樣一群鳥從視野中飛過，你的眼睛會無法順暢地移動視線，並發生不自覺的顫動，名為「跳視」（saccade）。然而，當清明夢者在夢中看見鳥群飛過眼前時，視線能順利追隨這些鳥兒，這點可從他們的眼球運動中看出，意味著清明夢者完全沉浸於夢中的世界，並像在真實世界中一樣移動視線。但是，若他們意識到自己處於清明夢中，而此種意識導致夢境體驗變得不真實，更像是刻意想像的行為時，眼球運動就會出現跳視。

即便進行了各種研究，我們至今仍無法釐清人為何會出現清明夢。其中一項理論認為，清明夢代表了一種真正的混合狀態，即醒時的大腦意識被灌注到快速動眼睡眠中，這可能是由於前額葉某種特定腦波模式的回歸。另外的理論則是關於意識連續體（continuum of consciousness），指從完全清醒到完全無意識之間的各種不同意識狀態，包含了做夢、心神漫遊和清醒在內，此理論也試圖將清明夢納入。然而，至少就目前而言，這些理論都還只是在試圖概念化這種奇特或（對某些人來說）奇妙的夢境新體驗。

● 善用清明夢的優勢

古往今來，清明夢一直是提升靈性的手段，宗教視其為通往了悟和神啟的通道。藏傳佛教的夢瑜伽（dream yoga）中，靈性修行就是利用清明夢來獲得靈性上的洞察。事實上，夢被認為比清醒狀態更有利於悟道。佛教一千兩百年歷史的教義中，稱清明夢為「實現極樂的方法」，並建議信徒「識夢為夢，恆常觀照其深意」[5]。

美洲印第安人、澳洲原住民和基督教僧侶，也都十分重視控制清明夢的能力，並將其視為靈性之旅上重要的一環。在清明夢的狀態下，他們能接觸先祖、靈性存在或神性。

一項有趣的實驗中，清明夢者被要求道出自己在清明夢中追求靈性指引時會問的話，例如：「我想知道宇宙如何運作」或「我希望體驗神聖的存在」。他們在白天不停複述自己的提問，以便促進夜晚的清明夢實現。結果，此舉果然奏效，部分做夢者表示，自己在夢中有了神聖體驗。有趣的是，他們在夢中經歷的神聖體驗與清醒時的信仰相符。相信神存在的人，通常會夢見其信仰的神，其餘的清明夢者則以其他方式體驗神性。其中一位清明夢者表示，他所見到的神聖景象，「有如無數交織循環的畫面 —— 如同時鐘的內部機械結構，也像是循環移動的光影脈動」。

就算這類實驗並未產生深刻的動人體驗，清明夢仍能帶給人持久且深層的幸福感。調查顯示，除了精神層面的提升之外，絕大多數清明夢者相信，擁有清明夢的能力可賦予人力量，他們從清明夢醒來後心情較佳。此外，清明夢者也表示，清明夢有助於他們的心理健康，促使他們在生活中做出有益的改變。他們相信清明夢鼓舞了他們把握機會，為改變而努力。

有鑑於清明夢者本身的體驗，清明夢能否作為一種治療工具？我們能否利用部分控制夢境的能力，來改變夢境本身的情感氛圍？我們能否不用自我暗示的方式，而是在夢中引導夢境走向，藉此改寫惡夢？

如前述，透過意象預演療法，惡夢連連的患者可以在白天重寫惡夢，改變夢境情節和他們在夢中的角色。同理，若我們能在惡夢中變清醒，是否可以改變情節並打破夢魘的魔咒？沃斯利正是如此，他描述自己在五歲時學會此種作法：當他做惡夢時，他會清醒過來並大喊「媽媽！」，以此喚醒自己。如今，諮商師也開始為長期惡夢的患者提供清明夢的訓練，並發現此種練習對於治療惡夢大有助益。而且，好處可能不僅限於惡夢，還能緩解伴隨的焦慮和憂鬱。

德國研究人員烏蘇拉・佛斯（Ursula Voss）發現，教導創傷後壓力症候群患者如何做清明夢，可以多方面緩解他們的症狀[6]。正如我們所知，創傷後壓力症候群其中一項特徵，就是反覆出現的惡夢重現創傷事件，這也使得創傷後壓力症候群患者害怕入睡。讓患者透過清明夢來控制睡夢中的想法，能幫助他們在反覆的惡夢發生時改變或結束它。夢裡的他們也許不再是受害者，而是選擇報警或解除了攻擊者的武裝。佛斯講述了一名女性的親身經歷，她在夢中讓傷害她的人漂浮起來，向自己證明這並非真實情境。清明夢的力量讓創傷後壓力症候群患者重拾自信，不再害怕入睡，也讓他們更樂觀地相信，自己有朝一日將能戰勝創傷。

清明夢也能應用於臨床。例如：研究人員指出，這種夢可以幫助焦慮症患者面對他們的害怕或恐懼，如駕駛、高處或蜘蛛[7]。他們可以在夢中「練習」駕駛、站在高處邊緣，或在安全的環境中，讓友善的蜘蛛在他們身上爬行，因為他們清楚這只是一場夢境。

既然做夢時活化的腦部區域，與實際動作時被活化的部分相同，那清明夢是否有助於中風或傷重的人？清明夢能否成為全新無痛的復健途徑？在清明夢中握拳和鬆開拳頭，與清醒時實際做這些動作，同樣都會啟動感覺動作皮質區。若想從運動傷害中恢復，在清明夢中練習難道不會有所助益？

即便只是在夢中，癱瘓或其他身障人士也許能受惠於隨意自由移動的能力。對於行動不便或行動嚴重受限的人來說，如果能控制自己的夢，並在其中奔跑或跳躍，將是多大的自由和解脫？同樣地，清明夢也能用來幫助處於部分昏迷，或患有閉鎖症候群的人，讓他們在夢中突破肉體的限制。

清明夢的潛力不僅限於治療應用，還可用來提升表現。諸多運動員在醒時會使用心理視覺化（mental visualization）技巧，利用想像力來模擬不同情境。如今，清明夢也許可作為另一個神經模擬場域，運動員能用來練習專項中具潛在危險的部分，如格外困難或具挑戰性的體操動作。

一項針對利用清明夢來練習特定技巧的運動員調查發現，多數人認為此種方式顯著提高了他們現實生活中的表現，有些人則表示這增強了他們的信心[8]。一名武藝運動員表示，清明夢幫助他掌握了複雜的踢腿組合，錦上添花之處在於，他可以在夢中練習這些動作，而不必擔心受傷。受訪的其他運動員還利用了夢中的環境，從事真實世界無法實現的事，例如：超高難度的登山車下坡，或高山滑雪跳躍。

德國海德堡大學研究員梅蘭妮・沙德利希（Melanie Schädlich），決定測試清明夢裡的練習是否有助於提升體能表現[9]。她要求清明夢者在夢裡練習「射」飛鏢和「擲」硬幣到杯子裡，而且將夢中的目標越移越遠。她發現，清明夢練習確實有幫助：利用清明夢練習的人只要不在夢裡分心，現實生活中的表現就會有所進步。雖然這項研究的規模相對較小，但清明夢也許能成為體育訓練的下一個新領域。運動員不僅可透過清明夢練習高難度技巧，而不必擔心受傷；受傷的運動員也能在準備重返賽場前，於夢中進行「練習」。

　　沙德利希和丹尼爾‧艾拉赫（Daniel Erlacher）進行了另一項研究，這次的研究對象是清明夢者中的音樂家[10]。但他們發現，這些音樂家並未利用夢境練習；反之，音樂家表示，他們在清明夢中演奏，是為了享受和靈感，而不是為了提升自身的技巧。他們在五位音樂家的訪談中，發現清明夢能帶來正面情緒並增強自信。其中兩人表示，他們特別喜愛在清明夢中即興獨奏。

　　有鑑於清明夢提供的潛在控制力，**此種獨特的意識狀態也為培養創造力開創了巨大的可能性，甚至超越了正常夢境。**為了充分利用清明夢的創意潛能，你可以在睡前問自己一個問題，就像準備啟動正常夢境一樣，只不過現在你也許能掌控自己的夢。清明夢還有一項額外優點，就是比普通的夢更容易記住。在一個案例研究中，一名電腦程式設計師表示，他利用清明夢來幫助自己設計程式。據稱，他在清明夢中與愛因斯坦討論了自己想嘗試的事，他們一起在黑板上畫了流程圖，直到找到解決方案[11]。

　　英國利物浦約翰摩爾斯大學（Liverpool John Moores University）的研究人員也以此個案為跳板，決定觀察九名清明夢者，與九名非清明夢者在睡夢中解決任務的表現[12]。連續十天，受試者每晚九點都會收到一封內含任務的電子郵件，不是要求受試者解決邏輯謎題，就是要他們創造一個譬喻。例如：他們可能會被要求找到序列中遺失的字母，或針對「河上漂浮的紙幣」或「沙漠中的燈塔」等短語創作隱喻。

　　受試的清明夢者被鼓勵相信夢中會有一人，「知道許多問題的答案，並願意提供協助」，也許是年長的智者，或值得信賴的導師。他們被要求找到此人；倘若無法，他們被指示向前走，左轉，找到並穿過一扇門，然後右轉。如此精心設計的指示，主要是為了提高清明夢者的期待，使他們相信自己會找到導師。當他們找到時，受試者被鼓勵詢問此名夢中人如何解決所遇到的問題。無論對方給出什麼解答，清明夢者都被告知要感謝導師，然後喚醒自己，並寫下答案。

結果出來時，夢中導師似乎不太擅長解題。研究期間，他們給出的十一個答案中，只有一個正確。畢竟清明夢中的執行網絡只是部分啟動，所以，無論有無導師幫助，這些謎題對清明夢者來說可能實在太難。

倘若創意挑戰的問題不以文字呈現，而以視覺呈現，也許這些想像的導師會表現得更好。例如：赫恩的測試對象沃斯利進行了清明夢實驗，其中多半涉及嘗試用新方法操縱夢中的視覺環境。其中一項實驗中，他在清明夢裡找到一臺電視，打開它，切換頻道，並操控音量、色彩強度或螢幕畫面等。沃斯利還指出，他曾在清明夢中彈過鋼琴、穿牆、像打火機一樣輕彈手指點火，還將手臂穿過汽車擋風玻璃等。他甚至將一隻前臂穿過另一隻，或輕拉鼻子、舌頭等身體部位，使它們變長。

英國藝術家戴夫·葛林（Dave Green）在清明夢中會繪製肖像畫，並在醒來後立即重新創作這些畫作。葛林是經驗豐富的清明夢者，但他也表示，在夢中從事藝術創作其實仍充滿挑戰：**夢中的一切**

瞬息萬變，處於不斷變動的狀態。他形容此過程為「在紙上即時演繹我的意識和潛意識的互動」[13]。

沃斯利也曾指出，即便是善於在夢中保持清醒的人，其清醒狀態也很脆弱。他表示，自己的清醒程度可能會隨時改變。因此，對沃斯利而言，僅持續數分鐘的同一場夢也許既清醒，又不清醒。

● 清明夢的新疆界

除了受試者進入清明夢時的眼球運動訊號外，研究人員對清明夢中發生的情況，毫無其他客觀跡象可參考。而且，清明夢結束時也不可能發出訊號。**清明夢之所以脆弱，似乎正在於它在本質上是一種混合且微妙的意識狀態。**

清明夢雖變幻莫測，也有諸多限制，但研究人員仍找到了新的創意方法，將清明夢研究帶往前所未有的領域。如今，研究人員已經能訓練受試者（通常是毫無清明夢體驗的學生）在睡著時，透過左－右－左－右的眼球運動來回應閃爍的燈光。部分受試者甚至可以在預設的任務開始或結束時，使用眼球運動作為「時間戳記」。光是這點，就已是了不起的成就。

最令人驚奇的是，如今研究人員和清明夢者已經能進行雙向交流，由研究人員提出提示，而受試者在睡夢中做出反應，進行來回互動。這件事早在幾年前，還被認為不可能。時至今日，**做夢者能在明顯仍處於快速動眼睡眠的狀態下，處理來自清醒世界的文字或訊號。**

做夢者在快速眼動睡眠使身體癱瘓的情況下，甚至可以回答研究人員口頭提出的是非問題。在一項研究中，清明夢者用眼球運動回答了「你會說西班牙語嗎？」這個問題。受試者後來表示，當時他正夢見自己在一場家庭聚會上，而這個問題似乎來自外部，如同電影旁白一樣。

目前尚無法確知這如何發生，但學術文獻報告提供了部分基於神經生物學的可能見解。一項案例研究中，一名二十六歲女性和三十七歲男性均罹患了視丘中風。兩人在中風後開始頻繁做清明夢，持續了約一個月，然後逐漸減少，可能是因為他們的人腦逐漸痊癒。這兩名患者的清明夢，是否可能源於腦部內建的喚醒機制故障？

別忘了，我們睡著時，並未與外界全然隔絕。相反地，名為「視丘閘控」（thalamic gating）的流程讓人體能監控聲響，察覺令人警覺或表示危險的異常聲音。當噪音或其他感官訊息被認定為危險訊號時，視丘會傳遞訊息至前額葉，喚醒睡眠者。

在健康的清明夢者身上，視丘或許也發生了類似情況。通常在夢中被過濾掉的光線和聲音，現在也許能被看見或聽見，雖然仍是以融入夢境的形式呈現。或許，這也是為何清明夢者可以聽到研究人員的提問，彷彿這些問題穿牆而來，或以其他虛幻的方式傳來。

西北大學認知神經科學計畫的一項實驗中，博士生凱倫・康科利（Karen Konkoly）成功讓清明夢者完成了令人驚嘆的任務：在夢中解簡單的數學題[14]。做夢者事先被告知將在睡夢中解數學題，並被教導如何用眼球運動來表示答案。左右移動一次代表數字一，左右移動兩次代表數字二，依此類推。

其中一名受試者獲得的題目為二加一。她說，那時正夢見自己在看一棟房子，她將問題寫在前門上方的門牌號碼上，並透過眼睛來回移動三次，示意答案為「三」。

夢不具備相同於清醒生活的邏輯，所以，即便是清明夢者，也不會質疑提問的聲音來自何方。他們可能聽見聲音來自天花板或汽車收音機，其中一名受試者，則是恰巧夢見自己正在上數學課。

然而，研究人員與清明夢者之間的雙向交流遠非完美。三十一道數學題中，康科利的團隊只收到了六個正確解答；此外，還收到了一個錯誤答案和五個模稜兩可的答覆。多半的時候，清明夢者根本毫無反應。儘管如此，此種程度的溝通仍是空前絕後，一直到最近才得以實現。

現在，你可能會心想，清明夢者如何在實驗中進行算術？如你所記得的，算術是做夢的心智無法達成的事。受試對象能在清明夢中算術，可說是一個有力證據，顯示清明夢期間，執行網絡活化的程度足以進行簡單的算術，也許這也為做夢者提供了足夠的自我意識和批判思維，讓他們意識到自己身處夢中。這些發現震撼人心，也或許指向了唯一可能的結論：**清明夢代表了一種獨特的認知形式，真正融合了醒時和夢時的心智意識。**

假使清明夢者能成功解答數學題，他們還能做些什麼？未來是否有一天，我們能聽見人們在清明夢中說的話？現在聽來雖然難以置信，但也許即將成真。

一個研究團隊決定看看，清明夢者能否在夢中說出「我愛你」，並以客觀方式進行衡量[15]。根據先前研究，這應該不可能。即便有人能在清明夢中說出這句話，清明夢者除了用左右移動的眼球運動來發出訊號之外，還能做什麼來表示完成任務？言語本身又如何衡量？

為了破解清明夢者睡著時發生的情況，研究人員事先記錄了他們在醒時說「我愛你」時，眼周精細的面部動作。這些面部動作是少數在做夢時不會癱瘓的肌肉之一。受試者清醒時的這些測量結果可作為某種生理特徵，研究人員取得這些資料後，便記錄清明夢者睡著時眼周的肌肉運動。四名志願者全部都能在清明夢中說出「我愛你」，而眼周細微的肌肉運動，也記錄了他們在夢境世界說出的話。

這些清明夢者的表現顯示，清明夢並不限於回應研究人員的提示，他們還可能主動與外界溝通。這是清明夢者首度透過口語從夢境世界與現實世界交流，或許又開闢出了新的神經科學領域。

科學界短時間內就在清明夢研究上取得了長足進展。長久以來，清明夢受到研究人員輕蔑，視其為神祕主義或怪力亂神；但現在，研究人員將清明夢視為新型的意識形式，值得認真探究。過去的懷疑態度被如今的興奮之情取代，諸多巧妙的實驗都在尋找新方法與夢中的心智進行互動。在此過程中，也揭露了更多關於夢和做夢的新面向。另外，**清明夢並非只能在睡眠實驗室實現，而是人人都能做到。**

chapter 07

如何引發清明夢

里昂・德理文・聖丹尼（Léon d'Hervey de Saint-Denys）從十三歲起開始記錄自己的清明夢，並持續記下了二十二卷夢境報告，涵蓋了一千九百四十六個不同夜晚的詳盡記載。起初，他回憶的夢境內容總是零零星星，但越寫越多之後，記住的夢也越來越多。到了第一百七十九個夜晚，他幾乎每晚的夢都能記得。不久之後，聖丹尼做了他的第一個清明夢。

當時是十九世紀中，人們普遍認為清明夢不可能存在。就連「清明夢」一詞，也要直到半世紀之後才出現。但聖丹尼持續記錄夢境六個月後，每五晚就有兩晚會做清明夢；一年後，他有四分之三的夜晚會經歷清明夢。

聖丹尼成為頻繁的清明夢者後，還學會控制自己的夢，並利用個人經驗來測試自己的理論，即夢並非超自然或外力的產物，而是源自做夢者本身的記憶。他會暫停清明夢來檢視周圍環境，然後與日常生活做比較。聖丹尼也好奇，他能否在清明夢中做一些現實生活從未經歷過的事；為此，他在夢中跳出窗外、變出寶劍擊退蒙面歹徒，還用剃刀割斷了自己的喉嚨。

1867年，聖丹尼決定匿名分享他深入研究睡眠和夢境的心得發現。他撰寫了一本清明夢指南《夢境及其引導方法：實用觀察》（*Les Rêves et les Moyens de les Diriger: Observations Pratiques*）。

一世紀前，英國的瑪麗・阿諾・福斯特（Mary Arnold-Forster）追隨聖丹尼的腳步。她在著作《夢境研究》（*Studies in Dreams*）中，描述了自己如何利用自我暗示來幫助引發清明夢。她會在睡前告訴自己要注意接下來的夢境。福斯特成為了嫻熟的清明夢者，而且特別喜愛飛行，她會用腳輕推或輕跳來起飛。

僅有五分之一的成年人表示，在特定一個月內曾做過一次清明夢，每週數次經歷清明夢的人幾乎是少之又少，可能僅佔個位數比重。**但清明夢的能力似乎是可誘導的，此種認知能力也許能透過刻意的尋求和訓練而顯現。**

生活方式和個人嗜好似乎也會影響清明夢自然發生的頻率。例如：喜愛玩電玩的人比起不玩遊戲的人，更常做清明夢。遊戲玩家之所以更常做清明夢，也許是因為不論在清明夢或電玩遊戲中，參與者都在控制虛擬現實。另外，遊戲玩家也許具備較高的空間意識，這可能也有助於清明夢的產生。運動員也是空間意識高度發展的族群，他們同樣比較可能會做清明夢。一項德國職業運動員的研究發現，他們做清明夢的機率是其他人的兩倍[1]。更令人印象深刻的是，這些運動員多半未特別努力去引發清明夢，這種情況就自然而然發生了。

在我執業期間，部分認知功能下降、腦損傷或術後復原的患者所服用的藥物，不僅讓人更常做夢，還導致了清明夢增加，尤其是服用調節神經傳導的乙醯膽鹼（acetylcholine）。稍後，我們將進一步討論夢的神經化學，但首先來看看不用藥物引發清明夢的方法。

如何判斷自己在做清明夢？

如同聖丹尼一樣，研究清明夢者的學者花了大量時間尋找方法，來提高受試者在夜晚做清明夢的機率。他們有專業利益上的考量，畢竟任何在實驗室過夜的研究對象，如果沒有經歷清明夢，都是浪費了時間和資源。出於此種動機，他們想出了數種引發清明夢的方法，而且只需利用你的心智 —— 也許還有一個鬧鐘。

清明夢如此罕見的意識混合狀態具有兩大基本面向，這些方法也著重於此。首先，**做夢者應該處於快速動眼睡眠**，這是因為清明夢通常發生於此時，數種嘗試誘發清明夢的技巧，都試圖讓快速動眼期盡可能在接近清醒時發生。清明夢訓練的另一重要面向，**是產生「所經歷的是一場夢」的洞察力。**

現在來介紹一些研究人員用來誘發清明夢的方法範例。最簡單的方法是「現實驗證法」，主要仰賴清明夢的基本面向，即辨識清醒和夢境狀態的能力。洞悉自己正在做夢，會讓人有所醒覺。例如：清明夢者會告訴你，他們意識到自己在做夢，是因為見到了去世已久的親人、身處不再存在的房子，或處於其他不可能發生的情境。

現實驗證法透過整天不斷自問「**我是醒著還是在做夢？**」，試圖提高我們對睡眠和清醒狀態的意識。

但是，若你自問自己是否在做夢，而答案是肯定的，你又如何確定？也許你只是在經歷夢中夢，抑或你可能已經從睡眠中醒來，處於半睡半醒、迷迷糊糊的精神狀態。電影《全面啟動》中，用物件作為「圖騰」來區分現實和夢境。但現實生活中，我們並沒有像電影那樣的圖騰；儘管如此，清明夢者仍然找到了自己的圖騰來表明他們是否在夢中。結果發現，**我們在夢中重現現實的方式，存在著部分常見且明顯的缺陷。**

若你認為自己處於清明夢中，請先查看自己的手。**不知何故，手在夢中總是特別奇怪。**數一數手指，它們可能多了或少了，或者手指數可能會改變。清明夢者表示，他們反覆數著手指，每次都得到不同數字。或者，手指看來軟綿綿的，像少了骨頭一樣，甚至手指從手指中長出來。來自全球各地、不同文化的清明夢者，都指出了此等奇特現象。

難道是手佔用了太多心智處理能力？畢竟，手部的解剖結構極為複雜。手指可各自活動，我們也以非常特殊的方式抓握。手彼此對稱，此種左右對稱的情況在自然界中十分常見，但想從視覺上準確重現雙手並不容易（相信上過繪畫課的人，都對這點再明白不過了）。

夢試圖從記憶重建現實，但缺少能複製的眼前事物。由於夢模擬現實時看來如此逼真，導致我們時常忽略了夢是由大腦的視聽中樞產生，有如自行生成的驚人特效。我們在夢中難以重現的事物不計其數，雙手只是最顯著的例子。

夢在重現現實方面，還有其他不足之處，這些都是你做清明夢時的提示。清明夢專家建議，你可以推一推實心物件，看看自己的手是否會穿過它；或照一照鏡子，看看鏡中影像是否正常。

另外，還可從手錶或時鐘找到線索，它們在夢中似乎也出了問題。數位手錶和時鐘可能沒有數字顯示、數字難以辨識或變得奇形怪狀。類比手錶或時鐘上的指針，也許會以怪異的方式移動或變化。

清醒入夢

第二種針對誘發清明夢所開發的技巧，名為「喚醒誘導法」

（Wake-Initiated Lucid Dreaming，簡稱 WILD）。此種方法主要是**從清醒狀態直接進入清明夢**，而且可能是最難掌握的技巧。**研究人員建議可以在小睡、晚上準備睡覺時，或醒來後再睡回去時運用此技巧。**

喚醒誘導法需要你放鬆地躺著，保持靜止並慢慢深呼吸，直到你進入漸漸入睡的狀態。正如我們在〈夢與創意〉一章所了解的，這時的你正處於入睡前心神漫遊的狀態。此時，盡量試著在身體入睡時保持神智清醒。為了維持入睡時的精神狀態，可以不斷複述「我會做清明夢」或「我會變清醒」之類的話，嘗試以口頭促發清明夢。

另一種據稱成功的喚醒誘導法，是數數入睡，像是「一，我在做夢；二，我在做夢……」，依此類推。此種技巧的支持者指出，你還能專注於緩慢的吸氣和呼氣、意識模糊時的影像或漸漸睡著時的體感，有系統地將注意力從身體某個部位移至其他部位。

數世紀以來，藏傳佛教的睡眠瑜伽（yoga nidra）一直使用喚醒誘導法練習。練習者以大休息的攤屍式躺著，然後將注意力導向身體各部位並依序放鬆。他們在漸漸入睡時想像自己的呼吸，努力保持神志，逐漸從夢裡醒覺。一旦他們在夢裡清醒，便會繼續冥想，希望能體驗到靈性的存在。

喚醒誘導法基本上與典型自發性的清明夢相反。自發的清明夢中，你在做夢，並意識到自己在夢中。換句話說，先有夢，然後你才變得清醒。然而，使用喚醒誘導法時，你是試圖清醒入夢。

一項實驗發現，若做夢者提前兩小時起床，小睡時使用喚醒誘導法格外有效。做夢者提早兩小時醒來，然後在正常起床時間，或正常起床時間後兩小時內，再躺回去小睡兩小時，此時引發清明夢的機率特別高。

上述方法和其他清明夢技巧，主要針對九十分鐘的睡眠週期來安排時間點，希望能在快速動眼睡眠夢境發生前，擾亂你的睡眠。快速動眼睡眠的時間會隨著夜晚加深而逐漸拉長，最初時間較短，約十分鐘；到最後，快速動眼階段會持續長達一小時，也為誘發清明夢提供了最大的機會窗口。

回顧第1章，快速動眼睡眠被剝奪的人一旦有機會睡著，會立即進入快速動眼期。因此，喚醒誘導法等到整晚睡眠接近尾聲，在當晚最後、最長的快速動眼期開始前讓人醒來，其實不無道理。刻意跳過整晚睡眠中最大一段快速動眼期，會讓大腦在小睡時急於直接進入快速動眼睡眠，此現象又稱「快速動眼期反彈」（REM rebound）。而清明夢通常發生在快速動眼期間，因此，此策略也提高了喚醒誘導法的成功機率。

利用暗示的力量實現清明夢

研究人員開發的第三種清明夢技巧，稱為「記憶性誘導法」

（Mnemonic Induction of Lucid Dreams，簡稱 MILD）。此種技巧結合了中斷的睡眠和進入清明夢境的明顯意圖。採用記憶性誘導法時，你必須在睡了五小時後醒來，然後在重新入睡前不斷提醒自己，複述「待會睡回去做夢時要記得我在夢中」或其他可明確表達意圖的話。除此之外，你還可以事先想像自己在清明夢中。

記憶性誘導法能否成功引發清明夢，最強大的預測因子是**完成記憶性誘導法步驟後，人多快能再度入睡**。在一項研究中，將近半數的受試者若在五分鐘內再次入眠，便會經歷清明夢。目前尚不清楚為何是這個時間長度，但這些做夢者似乎會直接回到快速動眼睡眠。

倘若光是表達意圖似乎不足以影響你的夢境，別忘了你就是做夢者，為何影響不了自己的夢？作法就類似於睡前大聲說出你的意圖或寫下來，來引導夢境聚焦特定議題、人物或主題。

前述提及的英國藝術家葛林上床睡覺前，會用精心設計的儀式來替大腦做準備，以在清明夢中作畫。他也許會在睡前冥想二十或三十分鐘，或在房裡踱步，並演練自己打算在夢裡做的動作。葛林在一段影片中說明自己的技巧，他說他會在床邊放好紙筆，並寫下自己的清明夢目標。他表示，這些儀式有助於他專注計劃在夢中要做的事。

另一項經常與記憶性誘導法結合使用的相關技巧，名為「清醒再入睡法」（Wake Back to Bed，簡稱 WBTB）。睡滿五小時後，保持清醒三十至一百二十分鐘，接著立刻睡回籠覺，睡眠中斷可能會使你更快進入快速動眼期，也更容易做清明夢。

◉ 太玄功：非常玄妙的技術

太玄功（SSILD）可能是史上第一個眾包式（crowdsourced，指透過網路讓群眾合作提供想法或解決問題）的清明夢技巧。它先是由百度貼吧用戶「宇宙之鐵」（Cosmic Iron）於中國清明夢論壇上提出，不過科學文獻稱他為蓋瑞・張（Gary Zhang）[2]。他最初起太玄功一名，字面上的意思是指「非常玄妙的技術」；後來，他改稱太玄功為「感官誘導法」（Senses Initiated Lucid Dream），以配合其他清明夢誘導方法的命名規則。英文縮寫中的第二個「S」是故意為之，張的目標是希望建立他所謂「人人都可以掌握」的技巧，只要照貓畫虎，無需任何的想像力或創意。

此方法的運作原理如下。首先，把鬧鐘設定在四、五小時後叫醒你。鬧鐘響起時，起床活動五到十分鐘，可以上個廁所、稍微走動，但不要做任何太刺激的事。回到床上後，以舒適的姿勢躺好，慢速切換感官。先專注於視覺，將注意力放在閉上眼後的黑暗；然後將注意力切換到聽覺，雖然周遭可能沒什麼聲響。成功運用此技巧的人表示，他們不會主動嘗試聽見任何聲音，而是被動聆聽，幾乎就像冥想一樣。最後，專注於你的身體感官，躺在床上有何感覺？身體與床墊、床單或被子接觸的感覺？被動觀察自己的感受，此種方法的關鍵似乎是不要過分努力。

　　快速執行三到四次循環作為熱身，然後再緩慢執行三到四次循環。慢慢來，別著急，每個步驟至少維持三十秒。當你的思緒游移時，不要壓抑自己的想法；如果一不小心走神了，重新開始一組循環即可。完成後，回到最舒服的睡姿，盡快入睡。

　　科學研究評估了此法與其他更成熟的方法，發現感官誘導法的成效其實毫不遜色。研究人員發現，感官誘導法比起睡眠實驗室設計的其他清明夢誘導法，效果不相上下。一項研究在嘗試使用感官誘導法的首週，就有六分之一的做夢者能有清明夢體驗，能在這麼短的時間內取得如此結果，顯示出感官誘導法在引發清明夢方面大有可為。別有意思之處在於，感官誘導法似乎常會出現假醒現象，也就是做夢者認為自己醒了，但其實仍在做夢。

　　但感官誘導法背後的運作原理究竟為何？將注意力聚焦在視覺、聽覺和身體感官上，為何會引發清明夢？對此，就像清明夢的其他疑問一樣，目前仍不得而知。**也許是入睡時循環切換感官，增強了執行網絡的活動。**如我們所知，執行網絡在一般做夢時處於休眠狀態，但在清明夢中較為活躍。強化執行網絡也許有助於清明夢所需的自我意識。

　　另一種可能的解釋是，**專注於視覺、聽覺和體感的功用有如現實驗證法，提醒做夢者他們正在夢中。**

◉ 綜合誘導法

《意識與認知》（*Consciousness and Cognition*）期刊發表的一篇文章中，由克里斯多福・阿佩爾（Kristoffer Appel）所帶領的德國研究團隊，讓新手在睡眠實驗室僅僅兩晚就能做清明夢[3]。而且，這些清明夢並非自行宣稱，而是由清明夢者在夢中透過左右移動的眼球訊號所驗證。短短時間內能達到如此高的成功率，相當驚人。

此種方法的原理如下：受試者睡了五個半至六小時，並進入快速動眼期十五分鐘後，研究人員會將他們喚醒。此舉的目的，是為了增加他們記住剛才夢境的機會，還有他們重新入睡時恢復快速動眼睡眠的機率。

受試者會保持清醒一小時。在此期間，他們躺在床上，針對剛剛做的夢寫下夢境報告。然後，他們被要求起身，坐到沙發上，在夢境報告中寫下所謂的「夢兆」，即夢中那些在現實生活中不合理或不可能的部分。

接著，受試者將夢兆分類 —— 是因為這些行為不太可能或不可能發生嗎？還是因為形式或情境？此項任務約需花費三十至四十五分鐘，目的是讓受試者察覺指出當下在做夢的元素，並誘發產生清明夢的洞察力。**當然，終極目標是將他們對夢境與現實的關注延續到下次入睡時。**

受試者再度上床前，會被要求回憶先前的夢。他們收到指示，回憶過程中，每當遇到一個夢兆，就想像自己意識到這是在夢中。最後，他們必須在心裡演練、重複這句話：「下次我做夢時，會記得意識到自己在做夢。」然後，受試者回到床上，在他們醒來六十分鐘後準時熄燈，並繼續複誦這句話，直到睡著。

實驗第一晚，二十名受試者中，有五人做了清明夢，他們用左一右一左一右的眼球訊號證實了這一點。第二晚，其餘十五名受試者中，又有五人做了清明夢。請記住，這些人全都是新手。雖然研究設計的技巧過程複雜，但多半都可以在家中複製。

誘發清明夢的過程是否必須如此繁複？畢竟聖丹尼多數夜晚無須經歷如此複雜的步驟，就能做清明夢。但是，若你仔細思量聖丹尼的方法，會發現他完成了許多與受試者相同的元素。他寫下夢境，思考夢中哪些部分是現實，哪些只能在夢裡發生。因此，他的大腦能更敏銳察覺夢兆，讓他意識到自己身處夢中。

然而，當人敏銳的心智辨識出夢兆時，如何通知做夢的大腦，這點目前仍不得而知。聖丹尼約兩世紀前所寫的真知灼見，至今依然適用：「我們對於身心之間的神祕聯繫，知之甚少。」

約三分之一的清明夢者能控制自己的夢境，真正的專家還學會經常性地控制夢中行為。飛行、與夢中人物交談和性愛，是頂尖清明夢者最喜愛從事的三種活動。其他熱門的計劃行動包括與特定人物會面、運動和改變場景或景觀。能控制夢中行為的清明夢者，既是這場演出的製片，也身兼導演和演員。

◉ 有助於誘發清明夢的藥物

除了引發清明夢的各種技巧之外，是否有可以讓清明夢更易發生的藥物或其他物質？**普遍認為蘑菇、死藤水和LSD等迷幻藥會產生如夢似幻般的超現實體驗，但這些並不是真正的夢。**我之所以如此肯定，是因為此類經歷所活化的腦部網絡不同於做夢。迷幻體驗中，想像力網絡較不活躍，這不代表這些經驗不具創造力或較不深刻，只是它們更近似於解離狀態，讓人感覺靈魂出竅。迷幻藥能產生「自我消融」（ego dissolution）的作用，效果最強大時，可以幫助癌症病患應對診斷，並提供其他心理健康方面的應用，但這種體驗不該與做夢混為一談。

然而，**科學證明，利憶靈（Galantamine）這種藥物有助於促進清明夢。**利憶靈可提高腦中乙醯膽鹼的含量，而乙醯膽鹼是對記憶和思考至關重要的神經傳遞物質。利憶靈經常用於失智症患者身上，服用此藥物有助於改善思考能力，並減緩認知功能的喪失。

利憶靈也會影響做夢。它縮短了入睡至首次快速動眼期之間的時間，這段期間又稱為「快速動眼睡眠潛伏期」（REM sleep latency）。

此外，利憶靈也會增加快速動眼期的密度或眼球運動強度。快速動眼睡眠密度越高，夢境就越緊張劇烈。因此，利憶靈也與奇異夢境的增加有關。

為了測試利憶靈是否真的有助於誘發清明夢，夏威夷清明夢研究所（Lucidity Institute）的史蒂芬・賴博格（Stephen LaBerge）進行了一項雙盲研究，將三種不同劑量的利憶靈與安慰劑進行比較[4]。研究人員和受試者都不曉得誰服用了利憶靈，誰服用安慰劑藥丸。連續三晚，受試者在睡了四個半小時後會被喚醒，服下藥後起床三十分鐘。然後，他們會再回到床上，一邊準備再度入睡，一邊執行記憶性誘導法。

結果相當引人注目。四毫克利憶靈的效果是安慰劑的兩倍，而八毫克的效果是安慰劑的三倍。服用最高劑量的受試者幾乎近半數都做了清明夢。劑量越高，效果越顯著時，又稱為劑量效應反應（dose-dependent response），表示藥物的作用與其劑量之間存在直接關係，在科學研究中也是支持因果關係的有力證據。而且，無論受試者做了清明夢或一般的夢，利憶靈都有助於促進夢境的回憶、夢的生動性、複雜度和相關的正面情緒。

換言之，利憶靈的藥效在清明夢中更加明顯。雖然我們無法確知利憶靈如何促進清明夢，但也許是腦中乙醯膽鹼增加，使得清明夢期間恢復的執行網絡更加活躍。

原住民文化世代以來也有使用補品和礦物質來增夢的慣例。在墨西哥和中美洲，傳統療法素來使用夢草（Calea zacatechichi）這種草藥治療各種疾病，從胃部不適、糖尿病到皮膚病等等，同時也用於祈夢儀式。在墨西哥瓦哈卡（Oaxaca），乾夢草葉被視為「祈夢之旅」的輔助工具，瓊塔爾族（Chontal）薩滿會抽乾夢草葉來尋求神靈的訊息，並忍受失去平衡、乾嘔和嘔吐等潛在副作用。在非洲，科薩族（Xhosa）的占卜師會利用「烏布拉烏」（ubulawu）這種根莖類草藥，引來生動或清醒的夢。其中一種是夢根草（Silene capensis），是在春秋兩季夜晚綻放的芬芳白花，科薩族將其用於引發強烈的夢境，希望能收到祖靈的訊息。

⬤ 促進清明夢的科技工具

　　如今市面上亦有特製頭帶、眼罩或智慧手錶等科技裝置能促進清明夢，目前已有六種以上的產品上市。這些家用小工具的設計原理，主要是透過辨識睡眠者何時處於快速動眼睡眠狀態。有些產品直接檢測眼球運動，有些則利用心率和加速度感測器的數據來推斷快速動眼期。由於身體在快速動眼期處於癱瘓狀態，加速度感測器會顯示沒有活動，而既然我們將夢中的活動感知為真實，所以心率會增加。結合這兩個數據點，就能確定某人是否處於快速動眼睡眠。

　　一旦裝置得知你處於快速動眼睡眠之中，就會試圖產生細微的提示（夢兆），提醒你你在做夢。這些裝置會透過震動等**觸覺訊號**、聲音提示或閃光等視覺訊號來提醒。其中還有裝置甚至會播放你的錄音，說：「我在做夢。」倘若訊號提示有效，震動、聲音或光線便可通過大腦的視丘閘控（在睡眠期間負責阻擋多數外部訊號），而不會吵醒你。這些訊號可作為引發清明夢的提示，而且在你進入清明夢時無縫地融入夢境中。

這些工具廣為上市之前，睡眠實驗室已試用過類似的訊號裝置。一項測試主要針對光線提示引發清明夢的效果，研究人員每隔一晚使用燈光作為提示受試者的訊號，而受試者毫不知情，以避免任何潛在的安慰劑效應。所有受試者報告的清明夢中，三分之二發生在有光線提示的夜晚[5]。

然而，**做夢者若能事先做好關於提示的心理準備，其實會更有助於提示訊號發揮作用**。受試者在睡眠實驗室中，睡前會先看見提示，也許是微弱的閃爍燈光，也可能是小提琴的幾個音。當他們收到訊號時，被要求進行現實驗證：我是醒著還是在做夢？然後，保持高度警覺，仔細觀察和注意他們的經歷是否有別於平常清醒時。

睡時的醒覺通常源於腦幹。我們睡著時，如果需要醒過來，視丘就會發送訊號，提醒執行網絡。正是這種由下而上的內部篩選途徑，搭配閃爍訊號的裝置，提醒你自己正處於快速動眼睡眠中，而且提示訊號還可悄悄通過視丘閘控，不會喚醒我們。

但是，若你能逆轉身體的喚醒機制呢？如果不是透過由下而上的途徑，而是由上而下地進行調控呢？

現今，研究人員正嘗試利用非侵入式的腦部刺激技術來做到這一點。如先前提及的跨顱刺激術，已經有研究顯示有機會能增強夢中的自我意識。不過，目前尚無足夠證據顯示它能引發清明夢 —— 至少目前還無法。隨著我們對清明夢神經生理學的理解不斷擴展，似乎可以合理期待，假以時日，研究人員將能找到正確的頻率和腦部區域，來刺激清明夢的產生。

截至目前，成果不足並未阻止人們嘗試探尋可靠的非侵入式方法來誘導清明夢。世界各地的研究人員都競相尋找。巴西北大河聯邦大學（Federal University of Rio Grande do Norte）的塞吉歐・莫塔－羅利姆（Sérgio A. Mota-Rolim）和其同事認為，進入清明夢的切入點可能不只一個，每一扇門都會帶來不同的體驗：第一人稱控制、第三人稱身體形象或增強的生動視覺等[6]。不過，直到撰寫本章時，這把難以捉摸的鑰匙（或說鑰匙們）仍未找到。

整體而言，清明夢普遍被視為正向體驗，為創造力、問題解決甚或生活技能練習，都帶來了獨特的契機。清明夢者表示，此種體驗提振了他們清醒時的情緒，讓他們在隔日一早醒來感到神清氣爽。然而重要的是，別忘了，多數的清明夢誘導法都涉及強制醒來和中斷睡眠。根據定義，透過清醒再入睡法，或類似技巧引發清明夢會破壞睡眠，最終影響睡眠結構。若清明夢者不小心的話，睡眠的總時數還可能減少。話雖如此，**清明夢能將人帶入真正獨一無二的意識狀態，實現夢與自我意識的超現實交會。**

夢境研究的未來發展

　　過去二十年來，日本研究員神谷之康越來越接近破解再複製夢境的目標[1]。神谷和其團隊利用電腦演算法來解碼腦部掃描資料，用以判定一個人是否看到了垂直、水平、左傾或右傾的線條圖案，並可以肯定地告訴你，此人醒來前夢見了什麼。是一個人？一棵樹？還是一隻動物？他電腦演算法的精密程度，足以得知你腦中的畫面。

　　這絕非易事。神谷之康和他京都大學的同事必須擷取透過體素（即立體像素）顯示的腦部活動，並使用深度神經網路（deep neural network）進行處理，才能光靠腦部即時的血流變化和大腦表面的電活動，來重建視覺影像。深度神經網路是機器學習的分支，能夠執行高度複雜的運算任務。神谷利用深度神經網路來處理所擷取的資訊，電腦從龐大數據中辨別出模式，讓資訊處理越來越高效。然後，再使用高效能電腦，運用重建演算法將資訊拼湊在一起。

　　神谷之康透過功能性磁振造影，來擷取受試者大腦即時的代謝活動，藉此收集大量夢境數據；同時，也利用腦電波儀記錄受試者的腦電活動。受試者在漸漸入睡時會被反覆喚醒，此時人的思緒正開始隨意遊蕩，視覺畫面甚是豐富。每當受試者被喚醒時，實驗室人員都會詢問他們醒來前看到了什麼。受試者也許會表示看到了飛機、女孩或黑盒子。這些影像會與當時發生的腦部活動比對，接著受試者被指示繼續睡下。上述步驟重複數次，機器學習演算法就會找到腦部活動和受試者報告的影像之間的相關性。

　　全球各地其他研究人員，如今都在利用先進的人工智慧，努力將腦部活動轉換為視覺影像。因此，神經訊號的解碼變得日益精確，可以想見，也許未來十年左右，我們能成功轉換做夢者的腦部活動，重現其夢境畫面。

　　例如：過去十年來，在加州大學柏克萊分校的認知神經科學實驗室中，傑克‧葛倫特（Jack Gallant）和其他研究人員，已經能夠解碼人們觀看電影預告時的大腦活動[2]。**他們僅僅透過腦部造影技術，就能以驚人的準確度解讀觀眾在觀看的內容。**像是觀看電影《新娘大作戰》（*Bride Wars*）預告的受試者，其腦部活動被正確標記為女性在說話。

　　不過，葛倫特並非利用腦部的立體繪圖進行分析，而是將其展開攤平。展平的兩邊腦半球在畫面上看來彷彿澳洲地圖。他在大腦地圖上追蹤皮質表面的十萬個點，尋找腦部活動和人們觀看內容之間的關係。他特別針對視覺皮質，此處很接近他平展的大腦地圖正中心。高於平均的腦部活動呈現紅色，低於平均則為藍色。

葛倫特的實驗室現在已開始解碼人在閱讀或聽故事時的腦部活動。他們利用功能性磁振造影數據，建立腦部的功能地圖，將故事中的概念與特定的腦部活動連結起來。然而，這並不像是在地圖上放置圖釘那麼簡單，每個概念活化的腦部區域都多達數十個。儘管困難重重，葛倫特實驗室的研究人員如今已經能根據大腦活動，來判定某人是否在閱讀或聆聽涉及時間、地點、人物、身體部位或家庭關係的內容，故事是否涉及觸覺或暴力，以及故事是否著重於紋理或色彩等視覺資訊。

如此精心繪製的大腦地圖，其迷人之處在於，它猶如做夢的心智遵循的語意網絡[3]。想到汽車等物品時，你可能會想到自己的車、你所知的汽車史或如何駕駛等等，甚至也許會想到學開車時的學員車，或與父母一同乘車等回憶。根據你想到的內容，腦內的程序記憶、情節記憶、語意記憶和情緒記憶等各區域，活化的程度也各有不同。

儘管如此，想要精確解碼夢境，仍是前路迢迢。其中一項挑戰是，每個人的大腦都有些微不同，這是我常在手術室看見的情況。**人體大腦的精細結構也許位於大致相同的區域，但總是存在著細微差異**。可是，若我們想要解碼或設計大腦活動，就必須要有一套標準方法，能根據一般腦部地圖來校正個人的腦部活動。

另一項挑戰與科技本身相關。例如：比起拍攝速度每秒二十四幀的電影，功能性磁振造影儀器捕捉影像的速度較慢，使得解碼後的影像缺乏連續性。雖然這點無疑會隨著科技進步而有所改變，但目前的儀器通常每秒僅能取樣二點五次。此外，功能性磁振造影儀器也缺乏必要的解析度。臨床用的功能性磁振造影儀器通常是一特斯拉（tesla，磁場強度單位），而柏克萊研究人員用的則是三特斯拉。然而，即便是三特斯拉的機器也只能掃描最小二毫米立方的腦組織，葛倫特實驗室所使用的數據也是以此為基礎。遺憾的是，觀察大腦功能時，這樣的區域大小仍不夠精確，這就像從衛星觀看一個社區，而不是特定街道一般。新一代儀器應能掃描最小〇點四毫米立方（即四百微米）的組織，相信未來將能繪製出更精確的大腦地圖。

假使有一天，我們真能從腦部活動解碼夢境，屆時問題就會變成：我們能否逆向操作？能不能無中生有地打造夢境？我們能像在串流平臺選片一樣，選擇自己的夢嗎？這些想法現在聽來雖然科幻，但有朝一日很可能會實現，而且也許超乎預期地快。

夢境也能設計？

二十世紀上半，多數人稱自己做的夢是黑白色的，此時的報紙、照片、電視和多數電影也都是黑白影像。彩色的夢境被認為是例外，又稱為「特藝彩色夢」（Technicolor dream），源自於1930年代開始拍攝彩色電影的技術。

1960年代，人們的夢境大幅轉變，許多人開始表示，他們做了彩色的夢。這當中有何催化劑？在此十年前，媒體從黑白大幅轉變為彩色，第一臺商用彩色電視機上市，雜誌也從黑白變彩色印刷，電影也開始以彩色拍攝。夢境報告所出現的變化，似乎是上世紀流行文化變遷的副產品。

若我們試圖改變夢境的面貌會如何？夢境可以設計嗎？研究人員試圖操縱夢裡的景象，但成效不彰。正如先前提及的實驗，受試者戴了有顏色的護目鏡或玩沉浸式電玩，夢境雖發生了變化，但並未完全改變，且模式也難以預料。做夢的心智似乎太過狂野，無法單純以此種方式操控。

如果設計夢的「影像」很困難，那麼設計「音訊」呢？我們能否操控他人在夢中聽見的聲音？白天聽到的語言顯然會影響人的夢境，一項雙語人士的研究中，睡前訪談用的語言影響了受試者夢中所用的語言。同樣地，研究人員發現，部分說英語的加拿大人在參加為期六週的法語密集課程後，開始用法語做夢。上述研究如同夢境的視覺研究一樣，顯示了白天聽見的內容會影響夜晚所做的夢。但是，想要在人睡著時用音訊提示來可預測地操控夢境，依然有待探索。

有趣的是，**短期內最有潛力的夢境設計方法，不是透視覺或聽覺，而是嗅覺。**

◉ 用感官左右夢境內容

一如所知，人在做夢時，會與外在世界隔絕 —— 但並非全然關閉。其中一種進入我們思想和夢境的方式是，透過最不受控的感官，也就是嗅覺。**嗅覺直接連接海馬迴和杏仁核，即大腦中與記憶和情緒系統相關的部分。**

嗅覺還有另一項特點，使其成為夢境設計的理想選擇：它能繞過做夢時負責阻擋多數感官訊號的視丘閘控，這也許是某種演化上的優勢。史前時代，我們睡著時聞到火燒或附近動物的氣味，可能是救命的關鍵。

多虧視丘閘控對嗅覺刺激較為鬆懈，有些氣味可以在不吵醒做夢者的情況下影響夢境，而且做夢者毫不知情。例如：臭雞蛋的氣味會使夢境變得負面，而玫瑰香氣更容易促進美夢。當然，用嗅覺影響夢境也有其極限。若氣味太過濃烈，可能就會揭穿睡眠的面紗，喚醒做夢者。

睡時亦可利用嗅覺來幫助學習。若你在學習新語言時，一邊聞到松木香氣，然後睡覺時用任何裝置釋放相同氣味，可能有助於增強記憶，促進學習。西北大學的蘿拉・夏納翰（Laura Shanahan）在一項研究中，讓受試者嘗試記住各類圖片在格子裡的位置[4]。圖片包含了動物、建築、臉孔和工具；每張圖片都指定了對應的氣味。例如：雪松的味道搭配動物圖片，而玫瑰香則是配合建築物圖片。受試者睡著時只會聞到其中部分氣味，接著他們醒來並參加記憶力測試。結果，受試者較記得的圖片是睡時所聞氣味對應的圖片，但他們並不曉得原因為何。

部分研究中，研究人員發現，**在睡眠和做夢期間針對性地傳遞氣味，甚至可能有助於對抗成癮**。一項研究中，受試者睡著時接觸到了香菸混合臭雞蛋的氣味，接下來一週吸菸量減少了30%[5]。此種嗅覺操控也是雙向的。睡眠期間聞到菸味，也會讓吸菸者隔天抽更多菸。值得注意的是，**嗅覺影響行為的能力似乎與睡眠有著獨特關聯**。受試者清醒時，混合菸味和臭雞蛋的味道不會產生任何效果。

如今，智慧手錶可以檢測人處於哪個睡眠階段，我可以想像它們與釋放氣味的裝置同步，幫助我們學習或達到治療目標，這類技術看來並不難。氣味甚至可用來操縱夢境內容，而且早在一個多世紀前，法國就已有人首創。

還記得前一章提及的聖丹尼嗎？他想試試能否透過氣味在夢中勾起特定回憶。為了驗證自己的假設，這位十九世紀的巴黎人每次旅行都會購買不同香水。他將手帕浸在香水裡，每天在特定地點聞一聞手帕的香味。回到家後，他會等幾個月，然後讓僕人在他枕頭上滴幾滴香水；結果，**他夢見了自己當初聞到此香時去過的地方**。聖丹尼更進一步，他開始讓僕人在枕頭上滴兩種不同的香水，令人訝異的是，他形容自己的夢結合了兩次旅行的元素。

聖丹尼透過這個非正式實驗，指出他可以設計自己的夢境。白天時與某些記憶相連的氣味，在他睡著時被相同的嗅覺線索重新啟動。他設計自己的夢境朝特定方向發展的做法雖然相對科學，但與千百年來發生的孵夢方式並無太大分別。

不僅氣味有助於學習，音樂旋律亦可以相同方式運用。在一項研究中，受試者在試圖解決謎題時，不停聽見相同的音樂旋律重複播放。那些在睡覺時小聲播放音樂的人，比沒聽音樂的人更可能在夢中找到謎題解答。

觸覺提示也能改變夢境內容。觸摸做夢者的腿來產生膝反射，可能會導致做夢者夢見跌倒。將做夢者的手放入水中，做夢者則更可能將水融入夢境敘事。其實，向做夢者灑水的話，有一半的機率夢中會出現水的元素，像是做夢者可能會夢見在雨中或游泳。

還有其他方法能引導夢境內容，不過我不見得都推薦。例如：讓自己缺水的話，就更可能會夢見口渴或水；若在睡前看一部壓力大的電影，做的夢就更可能偏向負面。同理，反之亦然。如我們所知，減少夢魘發生的其中一種方法，就是進行平靜的睡前儀式。

● 夢中置入廣告的隱憂

醒時看到的廣告，明顯是為了試圖影響人的思維。如今，廣告商也鎖定了我們的夢境。夢中置入廣告之所以具有更大隱憂，是因為它們發生在意識之外。如我們所知，**做夢時，理性的大腦處於離線狀態，意味著我們較少質疑，因此更易受到針對性的訊息影響**。一項研究已發現，夢見廣告會讓人有更高機率購買該項產品[6]。

儘管夢境設計目前仍有限制，但企業已開始跨足「精準孵夢」（targeted dream incubation）廣告業務。在他們眼中，夢境顯然是產品行銷最後一塊未開發的淨土。

2021年，莫森庫爾斯飲料公司（Molson Coors Beverage Company）試圖利用精準孵夢行銷，來滲透消費者的夢境。美國橄欖球年度冠軍賽「超級盃」期間，由於聯盟與他們的競爭對手簽訂了獨家合約，因此莫森庫爾斯無法為其啤酒品牌打廣告。於是，一位行銷副總裁想出了最後一搏的辦法：如果莫森庫爾斯不能在賽事期間播廣告，那可以向大眾的夢境投放廣告嗎？

莫森庫爾斯找上了哈佛夢境心理學家芭瑞特。公司高層想知道他們能否製作出可滲透夢境的廣告，目標是將廣告牢牢植入人的潛意識，並在他們的夢中播放。芭瑞特表示，影響夢境內容雖然可行，但前提是要有合作的受試者。

莫森庫爾斯在芭瑞特的指導之下，製作了一部迷幻、視覺強烈的九十秒廣告，並稱其為「大賽的夢幻廣告」。他們還發行了八小時配樂。影片中，伴隨著輕柔悅耳的音樂，半透明的虛擬化身飛過山巒和溪流，中間或出現莫森庫爾斯的產品影像和其他自然景象，或出現卡通人物、迷惑人心的形狀和圖案。這部色彩飽滿的影片猶如一場夢，從一處快速移動至另一處，從超現實影像轉變為抽象的形狀和物體。

他們在睡眠實驗室進行測試，受試者多次觀看廣告，然後受指示在入睡時說他們想夢見這段影片，以促發他們的夢境。當他們在快速動眼期被喚醒時，受試者表示自己夢到了瀑布或在雪地行走，這些都是廣告中的畫面。一名受試者因為剛睡醒，昏昏沉沉地表示，她夢見的山與庫爾斯啤酒有關。最終，據稱十八名受試者中，有五人的夢境包含了某些廣告元素。

莫森庫爾斯在網路上發布了這則廣告，邀請消費者觀看，並參與他們所謂「可能是有史以來最大型的睡眠實驗」。他們建議大家睡前多次觀看，並在睡覺時播放配樂。參與者可獲得優惠折扣，莫森庫爾斯也鼓勵參與者在社群媒體上發布他們的夢境報告，並使用主題標籤標記銀子彈啤酒（Coors Light）和銀子彈啤酒蘇打水（Coors Light Seltzer）。莫森庫爾斯聲稱這則廣告大獲成功，共有十四億次曝光，社群參與度增加了3,000%；而且對公司來說，最重要的，是銷售額成長了8%。

曾經神聖不可侵犯的夢境國度，如今成為了行銷人員鎖定的目標，莫森庫爾斯也不是唯一感興趣的玩家。根據美國行銷協會（American Marketing Association）2021年的〈未來行銷調查〉（Future of Marketing Survey）顯示，四百家公司中，77%表示他們計劃在2025年前嘗試夢中置入廣告。顯而易見，人類夢境這片沃土，正有一股淘金熱席捲而來。

漢堡王則是另闢蹊徑來劫持我們的夢境。它搭配萬聖節促銷活動，推出了「惡夢王」漢堡（Nightmare King burger），廣告口號是「餵飽你的惡夢」。惡夢王漢堡內含牛肉和雞肉漢堡排、培根、起司，並搭配鮮綠色的麵包。除了高熱量之外，這款三明治唯一真正不尋常之處，只有色彩鮮豔的綠色麵包，但漢堡王聲稱惡夢王真能有效引發惡夢。

為了證明惡夢王漢堡真的具有引發惡夢的屬性，漢堡王與一家診斷暨睡眠實驗室合作，追蹤了一百名受試者者十晚的夢境。根據漢堡王的新聞稿，惡夢王漢堡讓做惡夢的機率增加二倍以上。不過，光是暗示吃某種食物可能引發惡夢，其實就足以讓人做更多惡夢。

巧合的是，漢堡王的「惡夢王」是一款起司漢堡。長久以來，起司一直被（誤）認為會引發惡夢。狄更斯的小說《小氣財神》（*A Christmas Carol*）中，主人翁史古基（Ebenezer Scrooge）最初歸咎於「一小塊起司」，導致過去生意夥伴馬里（Jacob Marley）的鬼魂現身。**雖然目前並無科學證據指出起司可能或確實會引起惡夢，但光是這樣的信念，就足以讓迷思持續存在。**這種自我實現的負面後果類似於反安慰劑效應（nocebo effect，即安慰劑效應的反義詞）。若你相信某種藥物會引發特定副作用，那它就更可能引起這些副作用。

這些讓人夢到啤酒或漢堡的初步嘗試，可能僅僅只是個開端。廣告商習以為常地鎖定睡眠和夢境的「那一晚」就快要來臨。他們試圖在人放鬆警戒時，影響我們清醒時的行為，威脅著入侵對身心健康至關重要的夢境國度。睡眠和夢境這片神聖的庇護所，也許很快就會遭到侵襲。

此種可能性也讓研究界憂心不已。全球各地三十八名研究人員在一封針對莫森庫爾斯廣告的公開信中，反對夢境成為企業廣告的另一塊戰場，並表態支持立法，禁止廣告商在大眾睡著時進行精準投放。他們在回應莫森庫爾斯的行銷活動時問道：「**當大家集體變得如此習慣個人隱私受侵犯和剝削的經濟行為，並願意接受啤酒廣告置入夢中以換取一打啤酒時，我們失去了什麼？**」

● 科技與夢境

我們已知，閃爍的光線、震動、加熱和冷卻做夢者皮膚周圍的空氣和聲音提示，都可用來勾起特定記憶。對此的早期測試甚至發現，在人睡著做夢期間，關於液體的言語提示會導致相關夢境的增加，還會影響受試者醒來後的行為。

例如：言語暗示也被用來影響午睡者的品牌偏好。中國研究人員艾思志和殷云露的研究中，受試者在午睡時不斷聽見兩個品牌其中一個名稱。他們醒來後，較可能選擇睡著時聽見的品牌。艾思志總結：「睡著時的神經認知處理，有助於靈活、選擇性地微調主觀偏好。」[7] 對照組在沒有午睡的情況下接收了相同的重複資訊，但沒有任何效果。目前仍不清楚其中的運作原理，但午睡的受試者腦波變化，顯示出他們受到了影響。

根據此項研究和其他類似研究，智慧喇叭、智慧手錶、其他外部裝置或應用程式，能否在人睡著時提供購物提示？顯然大有可能。現在，家家戶戶的臥室都有智慧喇叭，智慧手錶和其他裝置也能監控我們的睡眠週期。這些裝置能根據動作、心率和其他訊號，即時掌握人處於哪個睡眠階段；蘋果手錶（Apple Watch）甚至可以追蹤快速動眼睡眠。

既然我們睡著時容易受到聲音提示的影響，未來智慧喇叭或穿戴式裝置的使用者授權協議（EULA）是否會納入條款，明定企業在用戶睡著時輕聲發送廣告音訊的權利？我們需要額外付費來避免廣告擾人清夢嗎？**若企業可以利用裝置滲透入民眾的夢境，又有什麼能阻止政府利用宣傳和其他心理控制手段，來操控公民睡夢中的意識？**如此闇黑的猜測，讓人不禁想起了喬治・歐威爾的名作《1984》或菲利普・狄克的科幻小說《銀翼殺手》。

未來的科技發展，說不定還會涉及更直接的腦機介面（machine-brain interface）。目前，癲癇患者可在腦中植入腦波監測裝置，用於尋找癲癇發作前的獨特徵兆，然後以反向電流中斷發作。這是封閉式的迴路，由大腦和機器無縫自主運作。往後，我們能否選擇以手術植入可隨選夢境的裝置？這聽來雖然極端，但如果這樣做能打破反覆出現的夢魘魔咒呢？選擇進行手術是否值得？如果這個裝置能帶來更多具創造力的夢呢？或是可以讓你隨時促發春夢呢？

電影《全面啟動》中，想法或念頭被偷偷植入人的夢中。其實，神經科學家現在就能透過植入裝置來觸發特定記憶，也許是個人記憶或特定產品記憶。市面上也有一代非侵入式的腦機介面裝置。現行有無任何方法或機制，能阻止這些公司將行銷要素加入其消費產品？或避免他們濫用所收集的神經數據？

此議題也引起了聯合國教科文組織（United Nations Educational, Scientific and Cultural Organization，簡稱 UNESCO）的關注。2023年7月，聯合國教科文組織召集了神經科學家、倫理學家和政府官員，共同針對神經權討論可能的立法規範。同時發布了報告，指出未來神經科技開發出的技術，也許能侵入個人思想、改變個人性格與行為，以及改寫過去的記憶。「這些都有侵犯隱私、思想自由、自由意志等基本權利的疑慮。」[8]

其他組織也開始致力保護大眾，不受神經科技可能濫用的影響。2017年成立的神經權利基金會（Neurorights Foundation），目前正努力推動各國政府通過立法，規範智慧手錶、耳塞和耳機等神經技術所收集的數據隱私，限制這些數據的商業用途，並保護個人不受外部操縱，包括試圖操控夢境在內。神經權利基金會共同創辦人暨哥倫比亞大學神經科學家拉斐爾・尤斯特（Rafael Yuste）表示，神經科技領域發展迅速，業內公司對大腦數據也抱持了「掠奪性態度」。事實上，神經權利基金會發現，目前已有十八家神經科技公司，要求其消費裝置用戶放棄自己的神經數據所有權。

各國政府也紛紛關注。2021年，智利成為率先修憲保護大腦活動和資訊的國家。其他國家也在考慮立法，但除非全球同心協力，否則難以保護個人免受神經技術潛在濫用的侵害。如尤斯特在受訪時指出：「這不是科幻小說，讓我們馬上採取行動吧，別等到為時已晚。」9

我們作為個人，也能採取些許自我保護措施，讓自己的夢不受侵犯。無論是來自手機、智慧喇叭或其他裝置，我們可以在沒有潛在訊息傳遞的環境中就寢。若一項神經技術的使用者授權協議賦予該公司權利，得以掌控用戶的神經數據，我們應當避免使用。**夢能為我們提供豐富的洞見，透露個人的情感狀態 —— 依我之見，保護夢境不受商業利益染指事關重大。**

chapter 09

說到解夢

研究和撰寫本書不僅讓我以全新眼光看待夢境，也重新審視了神經科學本身。我在行醫期間和外科手術實務中，親眼見證了夢在人體嚴重損傷之下的堅持力量。我見過為了控制頑固型癲癇而不得不切除半邊大腦的孩子，依然表示他們會做夢。夢自會發聲。

更重要的是，**夢格外重要，是因為它們提供了獨特的思維和感覺形式，唯有透過一系列特殊的神經化學和生理變化才能實現**。人只有藉由做夢，才能進入這樣的心理空間。不論作何嘗試，我們在醒時都不可能以這種方式思考。

這就是為何夢值得看重。它們可以為我們提供意料之外的見解；可以串連我們生活中不同時期的人、看似無關的事件、過往歷史和未來可能的事件。夢背後強大的神經生物學基礎，讓我堅信夢有其意義和目的。因此，**反思夢境也成為充實生活、審視生活的重要面向，至**少對我來說如此。

你可能會認為，一個職涯大半生投入腦部研究的人會抗拒解夢，將其視為不過是流行心理學，跟占星沒兩樣。若是在一開始研究和撰寫本書時，我也許不會反駁。然而，現在我們理解了做夢時的腦部活動，還有其背後嚴謹的科學依據，如今的我相信夢是可解讀的。但方法為何？

網路上不乏諸多解夢大典，告訴你如果夢到 X，就意味著 Y。這些方法與三千多年前古埃及的夢之書毫無二致。夢之書裡列出了一百〇八種夢境和其解釋：夢見月亮是好事，表示諸神會原諒你；夢見吃鱷魚肉，表示快到政府當差；但如果你在夢裡看見鏡中的自己，便是惡兆，預示你很快需要另尋伴侶。

美索不達米亞、希臘和羅馬等古代文明，將解夢視為一門需要智慧甚或神啟的技藝。他們無疑相當看重夢境，相信夢是來自神靈或亡者的訊息。夢也被認為具有預言力量，有能力解夢的人通常備受敬重。此種信念至今依然存在，據調查顯示，三分之二的人相信夢有預知未來的力量。

佛洛伊德可說是古代解夢者的現代後裔。不過，他認為夢並非來自神靈或死後世界的訊息，而是來自潛意識，揭露了我們壓抑的慾望。佛洛伊德精神分析學的全盛時期雖已過去，但相信夢能帶給我們重要資訊的觀念仍在，而且還有現代神經科學的先進工具提供佐證。

我相信夢是人們自我認識的重要來源，這並非異類觀點，越來越多神經科學家和心理學家認為，了解夢境能讓人獲益匪淺。研究顯示，**解讀夢境的確可為現實生活提供資訊，儘管不見得總是以我們期望的方式。**

解夢辭典為何無用？

上網一查，都可以輕鬆找到對你的夢或任何夢的含義解釋，網路上的解夢網站多不勝數。夢見一片葉子有何意義？有個網站稱這象徵了改變，如同樹葉隨四季變化，有些事即將結束，而我們準備重新開始；另一個網站則稱這象徵了新生；還有網站表示，這代表了成長和開放。各個網站所指都不無道理，但哪一種解釋才正確呢？

解夢網站巧妙地提供了看似具體卻又曖昧的解釋，讓人能輕易將個人情況對應這些說明。我們的生活中不總是有事情結束或開始？我們難道不都想與新生、成長或開放有所關聯？對通用描述慣性地對號入座，乃人之常情。星座運勢也是如此，我們看見語帶模糊的描述，便將其帶入本身的特定情況。

事實是，**相同的夢境景象指涉諸多意涵，不僅是對不同人而言，對處於不同人生階段、不同版本的自己，意義也不盡相同。**我最近夢見了自己走在一座橋上。上網搜尋「橋」的含義，會發現與夢見葉子的解釋相去不遠。有個網站表示，橋象徵著「從一種狀態過渡到另一種狀態，宛若新生」；另一個網站說，這是靈性的訊息，意味著你該檢視一下自己的生活，或象徵著關關難過，關關過；第三個網站則指出，橋梁意味著生活將有所轉變。橋可以隱喻諸多事物，例如：婚姻、雙邊聯合、無藥可治的癌症患者減輕或終結痛苦之道。

　　人清醒時的心智是記憶、日常經驗和情感狀態的獨特產物，夢中的心智亦是如此。許多人都曾夢見過墜落、遲到或被追趕，**儘管有些夢境內容是共通的，但夢本質上終歸是個人的，反映了你獨特的生活經歷和內心世界**。夢是你人生此時此刻的大腦產物，會隨著生活的更迭而變化。只因你的夢與他人具有共通的核心敘事或視覺元素，就預期夢境具有一致、普遍的解釋，是不切實際的想法。

　　除此之外，還有神經學上的原因，可解釋為何夢中相同的景象對個人可能意義有別。如我們所知，前額葉的內側前額葉皮質為我們的經歷賦予意義。雖然每個人的內側前額葉皮質功能相似，但處理的是僅限個人的材料，基於個人獨特的內心世界。我們做夢時，會將不同的景象、聲音、記憶和情感合成對個人具有意義的事物。大腦提供內容，而心智賦予意義。

　　這種意義由你創造，而且唯你獨有。因此，**夢當然可以解讀，這些夢是你內心的聲音 —— 但只有你能當那個解夢人。**

五大類夢境

　　夢境敘事的可能性幾乎是無窮無盡，而且受到各種人類情感影響。我認為，夢境大致上可以分為五種可管理的類別。當我試著解讀夢境時，會先判定自己在思考的夢屬於哪一類。解讀各類夢境需要個別方法，讓我們逐一介紹這些夢境類型。

淺白夢

　　首先，有一類夢境的意義顯而易見。如果我們隔天要考試，結果夢見鬧鐘沒有響，意義不言而喻，很容易解釋：考試的壓力引發了這個夢，類似於夢見裸體演講或錯過重要航班。**這些夢境反映了你清醒生活中即將發生的事件。**

類型夢

　　其次是研究者所謂的類型夢。**此類夢境與人生階段的重大轉變息息相關。**類型夢的意義也是不問可知，無需真正的解釋。兩種明顯的類型夢就是：妊娠夢和臨終夢。

　　一如所料，孕婦的夢可能較容易圍繞著懷孕、分娩、身體解剖或成為母親等主題。懷孕後期的女性更可能做關於嬰兒及其性別的胎夢。結果準確嗎？對此，科學文獻也沒有明確解答。一項研究發現，全部八位夢見嬰兒性別的女性都正確，但另一項研究發現，孕婦的夢不比擲硬幣來得準。

此外，還有孕婦表示她們會在夢中與寶寶交流，甚至夢到寶寶向母親預告自己的名字。這些所謂的「預告夢」在傳統文化中由來已久。以秘魯亞馬遜的埃塞埃賈族（Ese Eja）為例，其傳統為族中婦女夢見自己孩子的名字。孕婦會夢見動物與自己在夢中互動，並揭露孩子的「真名」。

產後，新手媽媽的焦慮、壓力和睡眠不足經常導致負面的夢或惡夢發生。「床上寶寶驚魂」是新手媽媽最常做的惡夢：即嬰兒在床上突然消失或窒息，而母親瘋狂地在被子裡尋找不見的寶寶。一旦新手媽媽完全清醒，並意識到自己的孩子沒有被棉被遮掩口鼻，還是會感覺有必要檢查寶寶的情況。

另一類常見的類型夢通常發生於臨終之人，又稱「臨終夢」。據稱，他們會夢見去世的親人、寵物或其他家庭成員，且夢境逼真。對做夢的人來說，這些夢常是希望、慰藉、快樂和安定的泉源，為他們帶來內心的平靜與接受，並可能促使做夢者安排自己的身後事，與家人和解。

紐約一家臨終關懷和安寧療護中心所收集的夢境報告中，發現了臨終夢境敘事的共通主題。其中包括夢中出現安慰人心的存在或形象，例如：一名婦女夢見已故的姊妹坐在床邊；一位垂死的男性則是夢見去世多年的母親安慰他，並說：「我愛你。」這個夢境如此真實，他幾乎感覺聞到了她的香水味。其他人則夢見自己最後的日子裡有人看顧，其中一人指出，丈夫和亡妹與她共進早餐；另一人則表示，過世的父兄默默地擁抱她，歡迎她加入他們的行列。

有些安寧療護病人在生命最後時刻，則是會夢見準備前去某處，或夢見已故的親朋好友在等候他們。一名婦女在去世前三天，夢見自己站在樓梯頂端，而她的亡夫則站在底下等她。即便有些病人表示自己還沒準備好面對死亡，但這類夢境多半令人感到欣慰。

悲痛的人也經常表示夢見亡故的親人，這些親人通常在夢裡看來平靜、健康、無病無痛。這類夢境被視為意義深刻的靈性體驗，幫助人接受失去，為人帶來安慰，並減輕悲傷。

▍普通夢

第三種夢是普通夢，即惡夢和春夢。如第 2 章討論，未經歷過創傷的孩童做惡夢並非由於病變，而是心智成熟的過程。惡夢經常反映了我們的心理狀態，因此，患有焦慮症和憂鬱症的成年人更易做惡夢。新出現的惡夢可作為衡量身心健康的指標，提醒我們注意內心的情感狀態。如我們所見，**與創傷相關的惡夢也許提供了窗口，讓我們了解內心如何處理發生在自己身上的事件**。創傷引發的夢通常是事件本身的重演或類似重演。普遍認為，創傷後的夢越是充滿隱喻，做夢者內心應對創傷事件的狀態越佳。

　　春夢如同惡夢，人人在生活中某些時刻都做過春夢。如第3章所述，許多春夢只是想像力的產物，不帶任何批判。夢見出軌不代表關係不幸福，也不見得表示你深受夢中慾望對象吸引。更重要的是你聽見伴侶做春夢時的反應，聽到伴侶夢見出軌會感到不快或不安，其實無關乎夢境，而是在於關係穩不穩固。

▎無感夢

　　第四種夢是無情感的夢。**除非你能指出夢中蘊藏著強烈情感，否則在這類夢境中很難找到意義。**我所指的是做夢者感受到的情緒，而非夢中明確提及的情感。事實上，夢中鮮少談及情感。

　　若你記得一個夢，但在其中毫無感覺或僅感覺微弱的情感，我認為這樣的夢無須費心省察。你在醒時也不會花時間分析內心毫無波瀾的時刻，所以，分析這類夢境毫無意義。我們應專注於能激發你情感的夢。

　　承此思路，有些夢只是一堆混亂的影像、事件或人物，它們在情感上可能是中性或不明確的。這些夢猶如精神上的靜電，無異於白天隨意積累的大量思想，我認為這些夢也不值得解讀。

▎情感夢

　　第五種也是最後一種類的夢境，是情感夢。**我深信此類夢境為我**

們提供了最深入的洞見，**具有連貫的敘事線索，而且通常具有鮮明的核心影像**。有別於第一類夢境（其敘事與清醒生活的特定事件明顯相關），情感夢的敘事可能與你的現實脫節，因此需要費心解讀。

聚焦情感夢，等同於專注於對你重要的夢。別忘了，夢能讓我們達到清醒時不可能體驗的情感高峰。因此，夢境能影響人清醒時的情緒並不奇怪。我們都曾有過經驗，做完特別動人的夢醒來後，感到悲傷、焦慮或興高采烈，也許我們會在清晨醒來或一天的靜謐時刻思索夢境內容。有時，有些夢幾乎難以忽視。我深信，這些都是我們必須試圖解讀的夢。這類夢境可提供通往人內心深處的入口。

但在我們學習如何解讀夢境前，需要注意的是：**沒有任何辦法能客觀證明解夢結果是否正確**。我們無法把你放進功能性磁振造影儀器，透過腦部掃描來比對你的解釋是否符合客觀現實；也沒有血檢或腦波數據可以對答案。

想要解夢，首先，你必須記住自己的夢。正如先前所學，在睡前，先給自己自我暗示，告訴自己你會做夢，你會記住自己的夢，而且你會把它寫下來。睡醒時，先別急著思考一天的行程，趕緊寫下你能記得的夢境內容。你也可以用手機記錄，只要確保這是你醒來後做的第一件事，別先查看電子郵件或社群媒體。大家或多或少都有過試圖回憶夢境，但卻發現記不太得的經驗。起初，你可能只能記住零星片段。但如果你每天都記錄夢境，假以時日，回憶夢境會變得越來越容易，回想起的內容也會日益增加。

由於你是起床後記錄夢境，所以回憶的很可能是當晚最後一段快速動眼期的夢。夢境從剛入睡時延續清醒生活的元素，隨著夜晚加深，逐漸變得更長、情感更強烈且更天馬行空。英國研究員若希・馬林諾斯基（Josie Malinowski）發現，**我們醒來前最後一個快速動眼期的夢，情感和象徵最豐富，對個人也最具重要意義**[1]。

如何解夢

想解讀夢境，必須先記住夢如何產生。如我們所知，夢是大腦活動和神經化學物質的夜間變化，導致了情感與視覺豐沛的敘事，具有新奇的思維方式。這些情感和視覺上的聯想源自於自身，因此，我們可以解讀夢境，因為我們正是創造它們的人。

為了解夢，我採用二階段方法，以夢的核心面向為基礎，**著重於夢的情感面和視覺面**。我選擇「視覺」和「情感」兩個元素，是因為兩者在我們做夢時都能達到現實生活無法企及的強度。此法由已故的美國研究學者哈特曼首創[2]。依我之見，根據做夢時的腦部活動和數千筆夢境報告分析所發現的模式，近期神經科學已驗證了此種方法。

使用此方法時，首先，**先觀察夢中主要的情感和情感強度**。是憤怒、焦慮、內疚、悲傷、無助、絕望、厭惡、敬畏、希望、解脫、喜悅還是愛？情感有多強烈？有時，夢會產生一種以上的情緒，注意夢中最強烈的情感。情感越強烈，夢境就越重要。

　　潛在情感和情感關注形塑並驅動了我們腦中的做夢過程。由於情緒和邊緣系統在強烈的夢境中處於高度受激發的狀態，我相信，夢境的主要情緒引導了夢中形形色色、有違常理的聯想。如果你感到壓力或焦慮，你的夢可能會反映此種情感狀態，讓你更可能做擾人的夢。夢中的影像和情節可能符合你當下的情感狀態，但與壓力或焦慮來源關係不大。這就是為何憂心新工作時，人會夢見自己走在危險的山路邊；抑或，證券經紀人在股市崩盤期間不是夢到金錢或股票，而是夢見自己在墜落或被追趕。

　　第二步是**思考夢中的核心影像**。做夢時，大腦的視覺中樞和情緒一樣，處於高度活躍的狀態。夢連結了影像與情感，展現出情境和脈絡。當你在思索夢境的核心影像時，請將其視為隱喻、用以象徵其他事物的影像。重點是別忘了，夢是另一種認知形式，所以，雖然夢千奇百怪，卻能以其他方法做不到的方式啟迪人心。例如：性侵倖存者可能會夢見自己被龍捲風捲走，此種景象喚起了被襲擊時同等的恐懼和無助。另外一例，是一名即將接受重大心臟手術的男子，夢見了一大塊牛肉被送來（整頭牛的四分之一），他和女兒及前老闆正決定如何將其切割和保存。除了他即將動手術之外，很難另作他解[3]。

　　通常，**我們做夢的心智似乎會尋找其他經歷過相同情感的時刻，並從那次經歷召喚出影像**。越戰老兵在多年後經歷婚姻問題的壓力時，更可能夢見戰爭。對這些退伍軍人來說，夢中的情緒是理解夢境的關鍵，而戰爭則是象徵他們當前的婚姻現況。

其他重大的人生事件，也能產生強烈的情緒和對應的情境影像。911恐怖攻擊後的夢境紀錄不是關於飛機或世貿中心，而是關於以其他方式受威脅的敘事。新冠疫情封城期間的夢不見得關乎病毒或傳染病，較可能與做夢者受困的情節相關。例如：有人夢見被困在一家變成迷宮的超市裡。

科學文獻記載了兩名女性在母親去世一週後的夢境報告[4]。其中一人夢見了空蕩蕩的房子，沒有家具，門窗大開，有風吹過。另一名女性則夢見一棵大樹倒在屋前。空房子和倒下的樹都象徵著兩名女性痛失至親。若你上網搜尋夢見空房子或塌樹的解釋，會出現許多結果。但考量到兩人的情況，毋須多言，她們無疑是在夢中處理悲痛和失落感。

南非政治犯、後成為總統的曼德拉，在母親和長子去世後，當時被囚禁於羅本島（Robben Island）的他也做了類似的夢。他反覆夢見自己從約翰尼斯堡的監獄獲釋，穿過渺無人跡的城市，數小時後抵達索維托（Soweto）的家，卻發現那裡成了「一座鬼屋，門窗敞開，但裡面空無一人」[5]。

讓我們重溫一下與學校期末考相關的常見夢境：也許你睡過頭而錯過了考試，或遲到了，或進錯了教室，或讀錯範圍；也許你裸體去了考場，或者考卷是用你不懂的語言寫的。若你在實際考試前一晚夢見這些，很明顯這單純源自於你對考試的焦慮。但許多人到中年仍會持續做這樣的夢，為何我們離校許久還會做這樣的夢 —— 這樣令人不安的夢為何可能別具意義？

回想看看夢的兩大基本要素：夢境的情感和情感強度；考試的夢通常會引發強烈的焦慮或恐懼。再者是核心影像：學校考試。在此，重點是去思考它的隱喻。除非你還是學生，否則夢境不太可能真的是關於學校或考試。正如老兵面臨婚姻問題時會夢見戰爭一樣，**當你感到焦慮時，你的夢境會讓你回想起以往那些同樣讓你感到焦慮的經歷。**

哈佛大學心理學家芭瑞特表示，考試是一個由權威人物來評價我們表現的時刻，決定我們通過考試或失敗。夢見考試的景象，也許代表了我們生活中正在發生的事，這些事讓我們感覺受到考驗或評判。若你夢見考試，不妨自問你是否擔心自己未能達到某人的期望。

芭瑞特認為，學校也可能是我們初次體會到其他深刻感受之處，例如：尷尬、壓力和不足。難怪無論我們年紀多大，學校和考試都能作為隱喻。夢的功能之一是處理記憶和判定新舊經驗的相符程度。關於期末考的夢，可能是根據過去引發嚴重焦慮的恐懼，來衡量當前焦慮的方法。

　　思索夢境的意義需要內省和自覺。夢邀請我們更深入了解自己，檢視它們想傳遞的訊息。花時間思考夢境的意義，有助於自我覺察，更容易接受和處理自己的情感，帶來對生活的重要洞察，讓人感覺更充實幸福。

結 語

夢的超凡之力

2016年，一名八十七歲的老人因摔倒被送往溫哥華綜合醫院（Vancouver General Hospital）。老人在醫院裡癲癇發作，醫生將他的頭皮連接上腦波儀，希望透過監測他的腦波，了解更多關於癲癇的資訊。但最終，他們學到了更深刻的東西。

老人頭上仍連接著腦波儀時，心臟出現顫動然後停止。他留下了明確的「放棄急救」指示，並標註在他的病歷頂端，因此，醫護人員並未採取任何措施來恢復他的心跳。老人生命的最後時刻，當他的心臟停止跳動、身體逐漸失去血色時，腦波儀持續記錄著他的腦波活動。結果，這位垂死的病人腦波顯示出令人驚訝的現象。

長久以來，醫生和科學家們一直認為，垂死的大腦不會顯示出任何活動，或腦部活動會迅速從有到無，其他器官都是如此，它們通常會逐漸減弱直到停止運作。

然而，這名老人在心跳停止後三十秒內，腦波依然強烈，而且類似於回憶和做夢時的腦波訊號。其他報告也顯示類似發現，這引發了一個耐人尋味的可能性：死亡本身也許提供了人生的最後一場夢，我們並非悄然步入良夜。

歷史上，夢一直被視為超自然力量的產物，是神靈或鬼怪向睡眠中的心智所傳達的異象，揭示了關於自身或外界部分重要資訊。古代文化認為夢是超自然之力，並非全然錯誤。夢其實是人類共享的超能力，是每個人為自己創造和體驗的獨特世界。

時至今日，我們同樣感受到夢的力量。夢給了我們機會去發展和成長，也許能讓人生經歷更豐富、有意義，也讓我們更深入了解自己和他人；並揭露白天隱藏的事物，引領我們走向全新的理解和創造力。**夢境並非掩蓋或隱藏我們人生重要階段和深情時刻的意義，而是為這些時刻增添更多深度。**

夢能驅動大腦的情緒中心，達到清醒時不可能的強度。在夜間的心智之旅中，想像力網絡從未如此活躍或自由。我們平時總認為情緒腦會妨礙有效的決策或生產力。但事實上，最佳決策少不了情感，少了這一面，我們就會欠缺社會覺察和衡量周遭變化的狀態意識（situational awareness）。所以，情緒和邊緣系統受損的患者常會在決策上遭遇困難。**這意味著唯有夢中才可能出現的超高強度情感體**

驗，有機會成為我們反思和理解自我的獨特窗口。

每晚，產生知覺和自我意識的大腦，為我們提供了一個擺脫習慣束縛和日常限制的歷程。本書的目的不僅是探討我們對夢境心智的了解，更重要的是探索睡時與醒時生活的各種關係。夢境自我和清醒自我密不可分，理解兩者如何相輔相成，就能開始領略夢的力量。

夢境賦予我們開放的心智能力，讓思維、情感和本能更多樣化。夢也幫助拓展了我們的想像力和可能性。夢境的狂野還為我們帶來重要的演化優勢，即心智適應力。**夢中的創造力和適應能力是我們與生俱來、內建於大腦運作系統的一種天賦。**

神經科學在大腦即時監測工具方面取得了莫大進展，我們現在甚至可以記錄小至單一神經元的活動。然而，科學研究所揭示的夢境心智奧秘，並未使其失色或變得乏味，遠非如此。能夠以前所未有的方式深入探究夢境，讓夢境更迷人、更加神祕 —— 為我們的量化世界增添了一絲魔力。

我在整本書中，試圖解釋人為何和如何做夢，還有大腦和夢境那不可思議的複雜性如何支配著我們。我相信，即便如今擁有最新進、奇特的研究工具和方法，我們也只瞥見了人類大腦的冰山一角。

我在個人生活中，亦日日嘗試探索外在世界和自己的內心世界。夢境和做夢的狂野探尋，並非需要馴服或忽略的干擾。夢揭示了意識、認知和情感更深層的複雜性，幫助我們全面地了解自己，成為更完整的個體。

　　思索夢境和做夢的意義，就是探索人生意義。我堅信，從最駭人的概念到超然的啟示，人類夢境之廣闊是心智帶給我們的終極大禮。

✦ 誌 謝 ✦

感謝 Venetia Butterfield 賦予本書重要的靈感和共同願景。感謝 Nina Rodríguez-Marty 出色的編輯功力和對本書的看重。感謝 Anna Argenio 從本書構思到出版，推動了一切前進，包含諸多常被忽略的重要環節。感謝 Vanessa Phan 接棒，讓書稿更盡善盡美。感謝 Laurie Ip Fung Chun 擔任總編輯的重要貢獻。感謝 Alice Dewing 和 Ania Gordon 將本書以最棒的形式呈現給英國和其他地區。感謝 Julia Falkner 率先讓美國媒體看到了本書的潛力，她的成就讓本書得以觸及更廣大的讀者。感謝 Raven Ross 悉心推動美國市場的行銷工作。感謝 Amelia Evans、Monique Corless 和 Penguin 版權團隊所有成員向全球推廣本書的價值。感謝 Richard Kilgariff 為我帶來動力。感謝 David Steen Martin 分享寶貴意見。

在探索夢境的深度和人類如何做夢之時，我們必須意識到，迄今構成我們知識的報告、出版品和科學研究，並未充分涵蓋或反映出人類經驗和特質的多樣和複雜，仍有諸多重要且多元的故事尚待發掘。我期待科學界能吸納更多元化的聲音，從中獲得寶貴見解，這將加深對於夢境細微差異的理解，進而讓我們更了解人為何做夢。本書就像我的夢境一樣，是百分之百的人類創作。

註 釋

引言 每晚的奇蹟

1. Byron, George Gordon, Lord, "The Dream," public-domain-poetry.com/ george-gordon-byron/dream-10617

chapter 01 演化而來的做夢能力

1. Pace-Schott, Edward F., "Dreaming as a Storytelling Instinct," *Frontiers in Psychology*, April 2, 2013
2. Hall, Calvin S., and Van de Castle, Robert L., *The Content Analysis of Dreams*, Appleton-Century-Crofts,1966
3. Domhoff, William, and Schneider, Adam, "Are Dreams Social Simulations? Or Are They Enactments of Conceptions and Personal Concerns? An Empirical and Theoretical Comparison of Two Dream Theories," *Dreaming*, 2018
4. Bowe-Anders, Constance, et al., "Effects of Goggle-altered Color Perception on Sleep," *Perceptual and Motor Skills*, February 1974
5. De Koninck, Joseph et al., "Vertical Inversion of the Visual Field and REM Sleep Mentation," *Journal of Sleep Research*, March 1996
6. Arnulf, Isabelle, et al., "Will Students Pass a Competitive Exam That They Failed in Their Dreams?," *Consciousness and Cognition*, October 2014
7. van der Helm, Els, et al., "REM Sleep Depotentiates Amygdala Activity to Previous Emotional Experiences," *Current Biology*, December 6, 2011
8. Cartwright, Rosalind, et al., "Broken Dreams: A Study of the Effects of Divorce and Depression on Dream Content," *Psychiatry*, 1984
9. Flinn, Mark V., "The Creative Neurons," *Frontiers in Psychology*, November 22, 2021
10. Hoel, Erik, "The Overfitted Brain: Dreams Exist to Assist Generalization," *Patterns*, May 14, 2021

chapter 02 我們需要惡夢

1. "Nightmare on Science Street," *Science Vs* podcast, June 9, 2022
2. Elder, Rachel, "Speaking Secrets: Epilepsy, Neurosurgery, and Patient Testimony in the Age of the Explorable Brain, 1934–1960," *Bulletin of the History of Medicine*, Winter 2015
3. Hublin, Christer, et al., "Nightmares: Familial Aggregation and Association with Psychiatric Disorders in a Nationwide Twin Cohort," *American Journal of Medical Genetics*, October 25, 2002
4. Moore, Rebecca S., et al., "Piwi/ PRG-1Argonaute and TGF-β Mediate Transgenerational Learned Pathogenic Avoidance," *Cell*, June 13, 2019
5. Arzy, Shahar, et al., "Induction of an Illusory Shadow Person," *Nature*, September 2006
6. Krakow, Barry, et al., "Imagery Rehearsal Therapy for Chronic Nightmares in Sexual Assault Survivors with Posttraumatic Stress Disorder: A Randomized Controlled Trial," *Journal of the American Medical Association,* August 1, 2001

chapter 03 春夢：慾望的體現

1. Quiroga, Rodrigo Quian, "Single- neuron Recordings in Epileptic Patients," *Advances in Clinical Neuroscience and Rehabilitation*, July/August 2009
2. DreamBank.net, a searchable collection of more than 20,000 dream reports
3. Chen, Wanzhen, et al., "Development of a Structure-validated Sexual Dream Experience Questionnaire (SDEQ) in Chinese University Students," *Comprehensive Psychiatry*, January 2015
4. Selterman, Dylan F., et al., "Dreaming of You: Behavior and Emotion in Dreams of Significant Others Predict Subsequent Relational Behavior," *Social Psychological and Personality Science*, May 6, 2013
5. Domhoff, G. William, "Barb Sanders: Our Best Case Study to Date, and One That Can Be Built Upon," dreams.ucsc.edu/ Findings/barb_sanders.html, undated

chapter 04 夢與創意：夢如何釋放內在的創造力

1. Dement, William, *Some Must Watch While Some Must Sleep*, W. H. Freemont & Co., 1972, pp. 99–101

2. Liu, Siyuan, et al., "Brain Activity and Connectivity during Poetry Composition: Toward a Multidimensional Model of the Creative Process," *Human Brain Mapping*, May 26, 2015

3. Cai, Denise J., et al., "REM, Not Incubation, Improves Creativity by Priming Associative Networks," *Proceedings of the National Academy of Sciences*, June 23, 2009

4. Mason, Robert A., and Just, Marcel Adam, "Neural Representations of Procedural Knowledge," *Psychological Science*, May 12, 2020

5. Hartmann, Ernest, et al., "Who Has Nightmares? The Personality of the Lifelong Nightmare Sufferer," *Archives of General Psychiatry*, January 1987

6. Barrett, Deirdre, "Dreams and Creative Problem-solving," *Annals of the New York Academy of Sciences*, June 22, 2017

7. "BAFTA Screenwriters' Lecture Series," September 30, 2011, youtube.com

8. Dalí, Salvador, *50 Secrets of Magic Craftsmanship* (transl. by H. Chevalier), Dover, 1992

9. Lacaux, Célia, et al., "Sleep Onset Is a Creative Sweet Spot," *Science Advances*, December 8, 2021

10. Horowitz, Adam Haar, et al., "Dormio: A Targeted Dream Incubation Device," *Consciousness and Cognition*, August 2020

chapter 05 夢與健康：夢境透露的健康訊息

1. Kasatkin, Vasily, *A Theory of Dreams*, lulu.com, May 27, 2014

2. Rozen, Naama, and Soffer-Dudek, Nirit, "Dreams of Teeth Falling Out: An Empirical Investigation of Physiological and Psychological Correlates," *Frontiers in Psychology*, September 26, 2018

3. Cartwright, Rosalind, "Dreams and Adaptation to Divorce," in *Trauma and Dreams*, ed. Deirdre Barrett, Harvard University Press, 1996, pp. 179–185

4. Hill, Clara, and Knox, Sarah, "The Use of Dreams in Modern Psychotherapy," *International Review of Neurobiology*, 2010

5. Duffey, Thelma H., et al., "The Effects of Dream Sharing on Marital Intimacy and Satisfaction," *Journal of Couple & Relationship Therapy,* September 25, 2008

6. DeHart, Dana, "Cognitive Restructuring Through Dreams and Imagery: Descriptive Analysis of a Women's Prison-based Program," *Journal of Offender Rehabilitation*, December 22, 2009

7. Blagrove, Mark, et al., "Testing the Empathy Theory of Dreaming: The Relationships between Dream Sharing and Trait and State Empathy," *Frontiers in Psychology*, June 20, 2019

8. Ullman, Montague, "The Experiential Dream Group: Its Application in the Training of Therapists," *Dreaming*, December 1994

9. Cartwright, Rosalind, et al., "REM Sleep Reduction, Mood Regulation and Remission in Untreated Depression," *Psychiatry Research*, December 1, 2003

10. da Silva, Thiago Rovai, and Nappo, Solange Aparecida, "Crack Cocaine and Dreams: The View of Users," *Ciencia & Saude Coletiva*, March 24, 2019

11. "The Dreaming Mind: Waking the Mysteries of Sleep," World Science Festival, November 17, 2022, youtube.com

12. van der Kolk, Bessel, *The Body Keeps the Score: Brain, Mind, and Body in the Healing of Trauma*, Viking, 2014

13. Hartmann, Ernest, "Nightmare after Trauma as Paradigm for All Dreams: A New Approach to the Nature and Functions of Dreaming," *Psychiatry: Interpersonal and Biological Processes*, 1998

14. Li, Hao, et al., "Neurotensin Orchestrates Valence Assignment in the Amygdala," *Nature*, August 18, 2022

chapter 06 清明夢：清醒與夢境意識的奇妙互動

1. Hearne, Keith M. T., "Lucid Dreams: An Electro-physiological and Psychological Study," doctoral thesis, University of Liverpool, May 1978

2. Worsley, Alan, "Alan Worsley's Work on Lucid Dreaming," *Lucidity Letter*, 1991

3. Hearne, Keith M. T., *The Dream Machine: Lucid Dreams and How to Control Them*, Aquarian Press, 1990

4. Mallett, Remington, "Partial Memory Reinstatement while (Lucid) Dreaming to Change the Dream Environment," *Consciousness and Cognition*, 2020

5. LaBerge, Stephen, "Lucid Dreaming and the Yoga of the Dream State: A Psychophysiological Perspective," in *Buddhism and Science: Breaking New Ground*, ed. B. A. Wallace, Columbia University Press, 2003, p. 233

6. "Lucid Dreaming with Ursula Voss," Science & Cocktails, youtube.com

7. Zhunusova, Zanna, Raduga, Michael, and Shashkov, Andrey, "Overcoming Phobias by Lucid Dreaming," *Psychology of Consciousness: Theory, Research, and Practice*, 2022

8. Erlacher, Daniel, Stumbrys, Tadas, and Schredl, Michael, "Frequency of Lucid Dreams and Lucid Dream Practice in German Athletes," *Imagination, Cognition and Personality*, February 2012

9. Schädlich, Melanie, Erlacher, Daniel, and Schredl, Michael, "Improvement of Darts Performance following Lucid Dream Practice Depends on the Number of Distractions while Rehearsing within the Dream—A Sleep Laboratory Pilot Study," *Journal of Sports Sciences*, December 22, 2016

10. Schädlich, Melanie, and Erlacher, Daniel, "Lucid Music—A Pilot Study Exploring the Experiences and Potential of Music-making in Lucid Dreams," *Dreaming*, 2018

11. "The Dreaming Mind: Waking the Mysteries of Sleep," World Science Festival, youtube.com

12. Stumbrys, Tadas, and Daniels, Michael, "An Exploratory Study of Creative Problem Solving in Lucid Dreams: Preliminary Findings and Methodological Considerations," *International Journal of Dream Research*, November 2010

13. "The Dreaming Mind: Waking the Mysteries of Sleep," World Science Festival, youtube.com

14. Konkoly, Karen R., et al., "Real- time Dialogue between Experimenters and Dreamers during REM Sleep," *Current Biology*, April 12, 2021

15. Raduga, Michael, " 'I Love You': The First Phrase Detected from Dreams," *Sleep Science*, 2022

chapter 07 如何引發清明夢

1. Erlacher, Daniel, Stumbrys, Tadas, and Schredl, Michael, "Frequency of Lucid Dreams and Lucid Dream Practice in German Athletes," *Imagination, Cognition and Personality*, February 2012

2. Cosmic Iron, "Senses Initiated Lucid Dream (SSILD) Official Tutorial," cosmiciron.blogspot.com/2013/01/senses-initiated-luciddream-ssild_16.html

3. Appel, Kristoffer, "Inducing Signal-verified Lucid Dreams in 40% of Untrained Novice Lucid Dreamers within Two Nights in a Sleep Laboratory Setting," *Consciousness and Cognition*, August 2020

4. LaBerge, Stephen, LaMarca, Kristen, and Baird, Benjamin, "Pre-sleep Treatment with Galantamine Stimulates Lucid Dreaming: A Double-blind, Placebo-controlled, Crossover Study," *PLOS One*, 2018

5. LaBerge, Stephen, and Levitan, Lynn, "Validity Established of DreamLight Cues for Eliciting Lucid Dreaming," *Dreaming*, 1995

6. Mota-Rolim, Sérgio A. et al., "Portable Devices to Induce Lucid Dreams—Are They Reliable?," *Frontiers in Neuroscience*, May 8, 2019

chapter 08 夢境研究的未來發展

1. "Yukiyasu Kamitani (Kyoto University), Deep Image Reconstruction from the Human Brain," youtube.com

2. Huth, Alexander G., et al., "Natural Speech Reveals the Semantic Maps That Tile Human Cerebral Cortex," *Nature*, April 27, 2016

3. Popham, Sarah F., et al., "Visual and Linguistic Semantic Representations Are Aligned at the Border of Human Visual Cortex," *Nature Neuroscience*, November 2021

4. Shanahan, Laura K., et al., "Odor- evoked Category Reactivation in Human Ventromedial Prefrontal Cortex during Sleep Promotes Memory Consolidation," *Neuroscience*, December 18, 2018

5. Arzi, Anat, et al., "Olfactory Aversive Condition during Sleep Reduces Cigarette-smoking Behavior," *The Journal of Neuroscience*, November 12, 2014

6. Mahdavi, Mehdi, Fatehi-Rad, Navid, and Barbosa, Belem, "The Role of Dreams of Ads in Purchase Intention," *Dreaming*, 2019

7. Ai, Sizhi, et al., "Promoting Subjective Preferences in Simple Economic Choices during Nap," *eLife*, December 6, 2018

8. *The Risks and Challenges of Neurotechnologies for Human Rights*, UNESCO, 2023

9. "Rafael Yuste: 'Let's Act Before It's Too Late'," en.unesco.org/courier/ 2022-1/rafael-yuste-lets-act-its-too-late, 2022

chapter 09 說到解夢

1. Malinowski, Josie, and Horton, C. L., "Dreams Reflect Nocturnal Cognitive Processes: Early-night Dreams Are More Continuous with Waking Life, and Late-Night Dreams Are More Emotional and Hyperassociative," *Consciousness and Cognition*, 2021

2. Hartmann, Ernest, "The Underlying Emotion and the Dream: Relating Dream Imagery to the Dreamer's Underlying Emotion Can Help Elucidate the Nature of Dreaming," *International Review of Neurobiology*, 2010

3. Breger, L., Hunter, I., and Lane, R., "The Effect of Stress on Dreams," *Psychological Issues*, 1971

4. Hartmann, Ernest, "The Underlying Emotion and the Dream: Relating Dream Imagery to the Dreamer's Underlying Emotion Can Help Elucidate the Nature of Dreaming," *International Review of Neurobiology*, 2010

5. Truscott, Ross, "Mandela's Dreams," africasacountry.com/2018/11/ mandelas-dreams, November 15, 2018

延 伸 閱 讀

- Ahmadi, Fereshteh, and Hussin, Nur Atikah Mohamed, "Cancer Patients' Meaning Making Regarding Their Dreams: A Study among Cancer Patients in Malaysia," *Dreaming*, 2020
- Akkaoui, Marine Ambar, et al., "Nightmares in Patients with Major Depressive Disorder, Bipolar Disorder, and Psychotic Disorders: A Systematic Review," *Journal of Clinical Medicine*, 2020
- Alcaro, Antonio, and Carta, Stefano, "The 'Instinct' of Imagination: A Neuro-Ethological Approach to the Evolution of the Reflective Mind and Its Application to Psychotherapy," *Frontiers in Human Neuroscience,* January 23, 2019
- Alessandria, Maria, et al., "Normal Body Scheme and Absent Phantom Limb Experience in Amputees while Dreaming," *Consciousness and Cognition*, July 13, 2011
- Alexander, Marcalee Sipski, and Marson, Lesley, "The Neurologic Control of Arousal and Orgasm with Specific Attention to Spinal Cord Lesions: Integrating Preclinical and Clinical Sciences," *Autonomic Neuroscience: Basic and Clinical*, 2018
- Andersen, Monica L., et al., "Sexsomnia: Abnormal Sexual Behavior during Sleep," *Brain Research Reviews*, 2007 Andrews-Hanna, Jessica R., "The Brain's Default Network and Its Adaptive Role in Internal Mentation," *Neuroscientist,* June 2012
- Andrews-Hanna, Jessica R., and Grilli, Matthew D., "Mapping the Imaginative Mind: Charting New Paths Forward," *Current Directions in Psychological Science*, February 2021
- Appel, K., et al., "Inducing Signal-verified Lucid Dreams in 40% of Untrained Novice Lucid Dreamers within Two Nights in a Sleep Laboratory Setting," *Consciousness and Cognition*, 2020
- Arehart-Treichel, Joan, "Amazon People's Dreams Hold Lessons for Psychotherapy," *Psychiatric News*, March 4, 2011
- Aspy, Denholm J., "Findings from the International Dream Induction Study," *Frontiers in Psychology*, July 17, 2020
- Aspy, Denholm J., et al., "Reality Testing and the Mnemonic Induction of Lucid Dreams: Findings from the National Australian Lucid Dream Induction Study," *Dreaming*, 2017
- BaHammam, Ahmed S., and Almeneessier, Aljohara S., "Dreams and Nightmares in Patients with Obstructive Sleep Apnea: A Review," *Frontiers in Neurology*, October 22, 2019
- Bainbridge, Wilma A., et al., "Quantifying Aphantasia Through Drawing: Those without Visual Imagery Show Deficits in Object but Not Spatial Memory," *Cortex*, 2021
- Baird, Benjamin, et al., "Frequent Lucid Dreaming Associated with Increased Functional Connectivity between Frontopolar Cortex and Temporoparietal Association Areas," *Scientific Reports*, December 12, 2018
- Baird, Benjamin, et al., "Inspired by Distraction: Mind Wandering Facilitates Creative Incubation," *Psychological Science*, October 1, 2012
- Baird, Benjamin, LaBerge, Stephen, and Tononi, Giulio, "Two- way Communication in Lucid REM Sleep Dreaming," *Trends in Cognitive Sciences*, June 2021
- Baird, Benjamin, Mota-Rolim, Sergio, and Dresler, Martin, "The Cognitive Neuroscience of Lucid Dreaming," *Neuroscience Biobehavioral Review*, May 1, 2020
- Baird, Benjamin, Tononi, Giulio, and LaBerge, Stephen, "Lucid Dreaming Occurs in Activated Rapid Eye Movement Sleep, Not a Mixture of Sleep and Wakefulness," *Sleep*, 2022
- Balasubramaniam, B., and Park, G. R., "Sexual Hallucinations during and after Sedation and Anaesthesia," *Anaesthesia*, 2003
- Baldelli, Luca, and Provini, Federica, "Differentiating Oneiric Stupor in Agrypnia Excitata from Dreaming Disorders," *Frontiers in Neurology*, November 12, 2020
- Ball, Tonio, et al., "Signal Quality of Simultaneously Recorded Invasive and Non-invasive EEG," *NeuroImage*, 2009
- Barnes, Christopher M., Watkins, Trevor, and Klotz, Anthony, "An Exploration of Employee Dreams: The Dream-based Overnight Carryover of Emotional Experiences at Work," *Sleep Health*, 2021
- Barrett, Deirdre, "Dreams about COVID-19 versus Normative Dreams: Trends by Gender," *Dreaming*, 2020
- Barrett, Deirdre, "Dreams and Creative Problem-solving," *Annals of the New York Academy of Sciences*, June 22, 2017
- Barrett, Deirdre, "The 'Committee of Sleep': A Study of Dream Incubation for Problem Solving," *Dreaming*, 1993
- Barrett, Deirdre, "The Dream Character as Prototype for Multiple Personality Alter," *Dissociation*, March 1995

- Barry, Daniel N., et al., "The Neural Dynamics of Novel Scene Imagery," *The Journal of Neuroscience*, May 29, 2019

- Bashford, Luke, et al., "The Neurophysiological Representation of Imagined Somatosensory Percepts in Human Cortex," *The Journal of Neuroscience*, March 10, 2021

- Bastin, Julien, et al., "Direct Recordings from Human Anterior Insula Reveal Its Leading Role within the Error-monitoring Network," *Cerebral Cortex*, February 2017

- Baylor, George W., and Cavallero, Corrado, "Memory Sources Associated with REM and NREM Dream Reports Throughout the Night: A New Look at the Data," *Sleep*, 2001

- Beaty, Roger E., et al., "Brain Networks of the Imaginative Mind: Dynamic Functional Connectivity of Default and Cognitive Control Networks Relates to Openness to Experience," *Human Brain Mapping*, 2017

- Beaty, Roger E., et al., "Creative Constraints: Brain Activity and Network Dynamics Underlying Semantic Interference during Idea Production," *NeuroImage*, 2017

- Beaty, Roger E., et al., "Creativity and the Default Network: A Functional Connectivity Analysis of the Creative Brain at Rest," *Neuropsychologia*, 2014

- Beaty, Roger E., et al., "Personality and Complex Brain Networks: The Role of Openness to Experience in Default Network Efficiency," *Human Brain Mapping*, 2016

- Beaty, Roger E., Silvia, Paul J., and Benedek, Mathias, "Brain Networks Underlying Novel Metaphor Production," *Brain and Cognition*, 2017

- Beck, Jane C., "'Dream Messages' from the Dead," *Journal of the Folklore Institute*, December 1973

- Bekrater-Bodmann, Robin, et al., "Post-amputation Pain Is Associated with the Recall of an Impaired Body Representation in Dreams—Results from a Nation-Wide Survey on Limb Amputees," *PLOS One*, March 5, 2015

- Belinda, Casher D., and Christian, Michael S., "A Spillover Model of Dreams and Work Behavior: How Dream Meaning Ascription Promotes Awe and Employee Resilience," *Academy of Management*, June 27, 2022

- Beversdorf, David Q., "Neuropsychopharmacological Regulation of Performance on Creativity-related Tasks," *Current Opinion in Behavioral Sciences*, 2019

- Bhat, Sushanth, et al., "Dream-enacting Behavior in Non-rapid Eye Movement Sleep," *Sleep Medicine*, 2012

- Blagrove, Mark, Farmer, Laura, and Williams, Elvira, "The Relationship of Nightmare Frequency and Nightmare Distress to Well-being," *Journal of Sleep Research*, 2004

- Blagrove, Mark, and Pace-Schott, Edward F., "Trait and Neurobiological Correlates of Individual Differences in Dream Recall and Dream Content," *International Review of Neurobiology*, 2010

- Blanchette-Carriere, Cloé, et al., "Attempted Induction of Signalled Lucid Dreaming by Transcranial Alternating Current Stimulation," *Consciousness and Cognition*, 2020

- Błaśkiewicz, Monika, "Healing Dreams at Epidaurus: Analysis and Interpretation of the Epidaurian Iamata," *Miscellanea Anthropologica et Sociologica*, 2014

- Boehme, Rebecca, and Olausson, Hakan, "Differentiating Self-touch from Social Touch," *Current Opinion in Behavioral Sciences*, 2022

- Bogzaran, Fariba, "Experiencing the Divine in the Lucid Dream State," *Lucidity Letter,* 1991

- Bonamino, C., Watling, C., and Polman, R., "The Effectiveness of Lucid Dreaming Practice on Waking Task Performance: A Scoping Review of Evidence and Meta-analysis," *Dreaming*, 2022

- Borchers, Svenja, et al., "Direct Electrical Stimulation of Human Cortex—the Gold Standard for Mapping Brain Functions?" *Nature Reviews Neuroscience*, November 2011

- Borghi, Lidia, et al., "Dreaming during Lockdown: A Quali-quantitative Analysis of the Italian Population Dreams during the First COVID-19 Pandemic Wave," *Research in Psychotherapy: Psychopathology, Process and Outcome*, 2021

- Bradley, Claire, et al., "State-dependent Effects of Neural Stimulation on Brain Function and Cognition," *Nature Reviews Neuroscience*, August 2022

- Braun, A. R., et al., "Regional Cerebral Blood Flow Throughout the Sleep–Wake Cycle: An H2(15)O PET Study," Brain, 1997

- Brecht, Michael, Lenschow, Constanze, and Rao, Rajnish P., "Socio-sexual Processing in Cortical Circuits," *Current Opinion in Neurobiology*, 2018

- Brink, Susan M., Allan, John A. B., and Boldt, Walter, "Symbolic Representation of Psychological States in the Dreams of Women with Eating Disorders," *Canadian Journal of Counselling/Revue canadienne de counseling*, 1995

- Brock, Matthew S., et al., "Clinical and Polysomnographic Features of Trauma-associated Sleep Disorder," *Journal of Clinical Sleep Medicine*, 2022
- Brosch, Renate, "What We 'See' When We Read: Visualization and Vividness in Reading Fictional Narratives," *Cortex*, 2018
- Brugger, Peter, "The Phantom Limb in Dreams," *Consciousness and Cognition*, 2008
- Bugalho, Paulo, et al., "Progression in Parkinson's Disease: Variation in Motor and Non-motor Symptoms Severity and Predictors of Decline in Cognition, Motor Function, Disability, and Health-related Quality of Life as Assessed by Two Different Methods," *Movement Disorders Clinical Practice*, June 2021
- Bugalho, Paulo, and Paiva, Teresa, "Dream Features in the Early Stages of Parkinson's Disease," *Journal of Neural Transmission*, 2011
- Bulgarelli, Chiara, et al., "The Developmental Trajectory of Fronto-temporoparietal Connectivity as a Proxy of the Default Mode Network: A Longitudinal fNIRS Investigation," *Human Brain Mapping*, March 4, 2020
- Bulkeley, Kelly, "Dreaming as Inspiration: Evidence from Religion, Philosophy, Literature, and Film," *International Review of Neurobiology*, 2010
- Bulkeley, Kelly, "The Future of Dream Science," *Annals of the New York Academy of Sciences*, 2017
- Burk, Larry, "Warning Dreams Preceding the Diagnosis of Breast Cancer: A Survey of the Most Important Characteristics," *Explore*, June 2015
- Burnham, Melissa M., and Conte, Christian, "Developmental Perspective Dreaming across the Lifespan and What This Tells Us," *International Review of Neurobiology*, 2010
- Bushnell, Greta A., et al., "Association of Benzodiazepine Treatment for Sleep Disorders with Drug Overdose Risk among Young People," *JAMA Network Open*, 2022
- Calabro, Rocco S., et al., "Neuroanatomy and Function of Human Sexual Behavior: A Neglected or Unknown Issue?" *Brain and Behavior*, 2019
- Campbell, Ian G., et al., "Sex, Puberty, and the Timing of Sleep EEG Measured Adolescent Brain Maturation," *Proceedings of the National Academy of Sciences*, March 26, 2012
- Cappadona, R., et al., "Sleep, Dreams, Nightmares, and Sex-related Differences: A Narrative Review," *European Review for Medical and Pharmacological Sciences*, 2021
- Carr, Michelle, et al., "Dream Engineering: Simulating Worlds Through Sensory Stimulation," *Consciousness and Cognition*, 2020
- Carr, Michelle, et al., "Towards Engineering Dreams," *Consciousness and Cognition*, 2020
- Carton Leclercq, Antoine, et al., "Laminar Organization of Neocortical Activities during Systemic Anoxia," *Neurobiology of Disease*, November 2023
- Cartwright, Rosalind, et al., "Effect of an Erotic Movie on the Sleep and Dreams of Young Men," *Archives of General Psychiatry*, March 1969
- Cartwright, Rosalind, et al., "Relation of Dreams to Waking Concerns," *Psychiatry Research*, 2006
- Carvalho, Diana, et al., "The Mirror Neuron System in Post-stroke Rehabilitation," *International Archives of Medicine*, 2013
- Carvalho, I., et al., "Cultural Explanations of Sleep Paralysis: The Spiritual Phenomena," *European Psychiatry*, March 23, 2020
- Cavallero, Corrado, "The Quest for Dream Sources," *Journal of Sleep Research*, 1993
- Cavallotti, Simone, et al., "Aggressiveness in the Dreams of Drug-naïve and Clonazepam-treated Patients with Isolated REM Sleep Behavior Disorder," *Sleep Medicine*, March 5, 2022
- Chaieb, Leila, et al., "New Perspectives for the Modulation of Mind-wandering Using Transcranial Electric Brain Stimulation," *Neuroscience*, 2019
- Chellappa, Sarah Laxhmi, and Cajochen, Christian, "Ultradian and Circadian Modulation of Dream Recall: EEG Correlates and Age Effects," *International Journal of Psychophysiology*, 2013
- Childress, Anna Rose, et al., "Prelude to Passion: Limbic Activation by 'Unseen' Drug and Sexual Cues," *PLOS One*, January 2008
- Choi, S. Y., "Dreams as a Prognostic Factor in Alcoholism," *The American Journal of Psychiatry*, 1973
- Christo, George, and Franey, Christine, "Addicts Drug-related Dreams: Their Frequency and Relationship to Six-month Outcomes," *Substance Use & Misuse*, 1996

- Christoff, Kalina, et al., "Mind-wandering as Spontaneous Thought: A Dynamic Framework," *Nature Reviews Neuroscience*, November 2016
- Cicolin, Alessandro, et al., "End-of-life in Oncologic Patients' Dream Content," *Brain Sciences*, August 1, 2020
- Cinosi, E., et al., "Sleep Disturbances in Eating Disorders: A Review," *La Clinica Terapeutica*, November 2011
- Cipolli, Carlo, et al., "Beyond the Neuropsychology of Dreaming: Insights into the Neural Basis of Dreaming with New Techniques of Sleep Recording and Analysis," *Sleep Medicine Reviews*, 2017
- Clarke, Jessica, DeCicco, Teresa L., and Navara, Geoff, "An Investigation among Dreams with Sexual Imagery, Romantic Jealousy and Relationship Satisfaction," *International Journal of Dream Research*, 2010
- Cochen, V., et al., "Vivid Dreams, Hallucinations, Psychosis and REM Sleep in Guillain–Barré Syndrome," *Brain*, 2005
- Colace, Claudio, "Drug Dreams in Cocaine Addiction," *Drug and Alcohol Review*, March 2006
- Collerton, Daniel, and Perry, Elaine, "Dreaming and Hallucinations—Continuity or Discontinuity? Perspectives from Dementia with Lewy Bodies," *Consciousness and Cognition*, 2011
- Conte, Francesca, et al., "Changes in Dream Features across the First and Second Waves of the Covid-19 Pandemic," *Journal of Sleep Research*, June 22, 2021
- Coolidge, Frederick L., et al., "Do Nightmares and Generalized Anxiety Disorder in Childhood and Adolescence Have a Common Genetic Origin?" *Behavior Genetics*, November 10, 2009
- Cooper, Shelly, "Lighting up the Brain with Songs and Stories," *General Music Today*, 2010
- Courtois, Frédérique, Alexander, Marcalee, and McLain, Amie B. Jackson, "Women's Sexual Health and Reproductive Function after SCI," *Topics in Spinal Cord Injury Rehabilitation*, 2017
- Coutts, Richard, "Variation in the Frequency of Relationship Characters in the Dream Reports of Singles: A Survey of 15,657 Visitors to an Online Dating Website," *Comprehensive Psychology*, 2015
- Cox, Ann, "Sleep Paralysis and Folklore," *Journal of the Royal Society of Medicine Open*, 2015
- Curot, Jonathan, et al., "Déja-revé: Prior Dreams Induced by Direct Electrical Brain Stimulation," *Brain Stimulation*, 2018
- Curot, Jonathan, et al., "Memory Scrutinized Through Electrical Brain Stimulation: A Review of 80 Years of Experiential Phenomena," *Neuroscience and Biobehavioral Reviews*, 2017
- Dagher, Alain, and Misic, Bratislav, "Holding onto Youth," *Cell Metabolism*, August 1, 2017
- Dahan, Lionel, et al., "Prominent Burst Firing of Dopaminergic Neurons in the Ventral Tegmental Area during Paradoxical Sleep," *Neuropsychopharmacology*, 2007
- Dale, Allyson, Lafreniere, Alexandre, and De Koninck, Joseph, "Dream Content of Canadian Males from Adolescence to Old Age: An Exploration of Ontogenetic Patterns," *Consciousness and Cognition*, March 2017
- Dale, Allyson, Lortie-Lussier, Monique, and De Koninck, Joseph, "Ontogenetic Patterns in the Dreams of Women across the Lifespan," *Consciousness and Cognition*, 2015
- Dang-Vu, T. T., et al., "A Role for Sleep in Brain Plasticity," *Journal of Pediatric Rehabilitation Medicine*, 2006
- D'Argembeau, Arnaud, and Van der Linden, Martial, "Individual Differences in the Phenomenology of Mental Time Travel: The Effect of Vivid Visual Imagery and Emotion Regulation Strategies," *Consciousness and Cognition*, 2006
- Davis, Joanne L., and Wright, David C., "Case Series Utilizing Exposure, Relaxation, and Rescripting Therapy: Impact on Nightmares, Sleep Quality, and Psychological Distress," *Behavioral Sleep Medicine*, 2005
- Dawes, Alexei J., et al., "A Cognitive Profile of Multi-sensory Imagery, Memory and Dreaming in Aphantasia," *Scientific Reports*, 2020
- DeCicco, Teresa L., et al., "A Cultural Comparison of Dream Content, Mood and Waking Day Anxiety between Italians and Canadians," *International Journal of Dream Research*, 2013
- DeCicco, Teresa L., et al., "Exploring the Dreams of Women with Breast Cancer: Content and Meaning of Dreams," *International Journal of Dream Research*, November 2010
- De Gennaro, Luigi, et al., "How We Remember the Stuff That Dreams Are Made of: Neurobiological Approaches to the Brain Mechanisms of Dream Recall," *Behavioural Brain Research*, 2012
- De Gennaro, Luigi, et al., "Recovery Sleep after Sleep Deprivation Almost Completely Abolishes Dream Recall," *Behavioural Brain Research*, 2010
- de la Chapelle, Aurélien, et al., "Relationship between Epilepsy and Dreaming: Current Knowledge, Hypotheses, and Perspectives," *Frontiers in Neuroscience*, September 6, 2021

- de Macedo, Tainá Carla Freitas, et al., "My Dream, My Rules: Can Lucid Dreaming Treat Nightmares?" *Frontiers in Psychology*, November 2019

- Dement, William C., "History of Sleep Medicine," *Neurologic Clinics*, 2005

- Dement, William C., "The Effect of Dream Deprivation: The Need for a Certain Amount of Dreaming Each Night Is Suggested by Recent Experiments," *Science*, 1960

- Denis, Dan, and Poerio, Giulia L., "Terror and Bliss? Commonalities and Distinctions between Sleep Paralysis, Lucid Dreaming, and Their Associations with Waking Life Experiences," *Journal of Sleep Research*, 2017

- Desseilles, Martin, et al., "Cognitive and Emotional Processes during Dreaming: A Neuroimaging View," *Consciousness and Cognition*, 2011

- Devine, Rory T., and Hughes, Claire, "Silent Films and Strange Stories: Theory of Mind, Gender, and Social Experiences in Middle Childhood," *Child Development*, November 30, 2012

- Dijkstra, Nadine, Bosch, Sander E., and van Gerven, Marcel A. J., "Shared Neural Mechanisms of Visual Perception and Imagery," *Trends in Cognitive Sciences*, 2019

- Di Noto, Paula M., et al., "The Hermunculus: What Is Known about the Representation of the Female Body in the Brain?" *Cerebral Cortex*, May 2013

- Dodet, Pauline, et al., "Lucid Dreaming in Narcolepsy," *Sleep*, 2015

- Domhoff, William G., and Schneider, Adam, "From Adolescence to Young Adulthood in Two Dream Series: The Consistency and Continuity of Characters and Major Personal Interests," *Dreaming*, 2020

- Domhoff, William G., and Schneider, Adam, "Similarities and Differences in Dream Content at the Cross-cultural, Gender, and Individual Levels," *Consciousness and Cognition*, 2008

- Duffau, Hugues, "The 'Frontal Syndrome' Revisited: Lessons from Electrostimulation Mapping Studies," *Cortex*, 2012

- Duffey, Thelma H., et al., "The Effects of Dream Sharing on Marital Intimacy and Satisfaction," *Journal of Couples & Relationship Therapy*, 2004

- Dumontheil, Iroise, Apperly, Ian A., and Blakemore, Sarah-Jayne, "Online Usage of Theory of Mind Continues to Develop in Late Adolescence," *Developmental Science*, 2010

- Dumser, Britta, et al., "Symptom Dynamics among Nightmare Sufferers: An Intensive Longitudinal Study," *Journal of Sleep Research*, October 17, 2022

- Durantin, Gautier, Dehais, Frederic, and Delorme, Arnaud, "Characterization of Mind Wandering Using fNIRS," *Frontiers in Systems Neuroscience*, March 26, 2015

- Edwards, Christopher L., et al., "Dreaming and Insight," *Frontiers in Psychology*, December 24, 2013

- Eichenbaum, Howard, "Time Cells in the Hippocampus: A New Dimension for Mapping Memories," *Nature Reviews Neuroscience*, November 2014

- Eickhoff, Simon B., et al., "Anatomical and Functional Connectivity of Cytoarchitectonic Areas within the Human Parietal Operculum," *The Journal of Neuroscience*, May 5, 2010

- El Haj, Mohamad, and Lenoble, Quentin, "Eying the Future: Eye Movement in Past and Future Thinking," *Cortex*, 2018

- Engel, Andreas K., et al., "Invasive Recordings from the Human Brain: Clinical Insights and Beyond," *Nature Reviews Neuroscience*, January 2005

- Erlacher, Daniel, and Chapin, Heather, "Lucid Dreaming: Neural Virtual Reality as a Mechanism for Performance Enhancement," *International Journal of Dream Research*, 2010

- Erlacher, Daniel, and Shredl, Michael, "Dreams Reflecting Waking Sports Activities: A Comparison of Sport and Psychology Students," *International Journal of Sport Psychology*, 2004

- Erlacher, Daniel, and Shredl, Michael, "Do REM (Lucid) Dreamed and Executed Actions Share the Same Neural Substrate?" *International Journal of Dream Research*, 2008

- Erlacher, Daniel, and Shredl, Michael, "Practicing a Motor Task in a Lucid Dream Enhances Subsequent Performance: A Pilot Study," *The Sport Psychologist*, 2010

- Erlacher, Daniel, and Shredl, Michael, "Time Required for Motor Activity in Lucid Dreams," *Perceptual and Motor Skills*, 2004

- Erlacher, Daniel, Ehrlenspiel, Felix, and Schredl, Michael, "Frequency of Nightmares and Gender Significantly Predict Distressing Dreams of German Athletes Before Competitions or Games," *The Journal of Psychology*, 2011

- Erlacher, Daniel, et al., "Inducing Lucid Dreams by Olfactory-cued Reactivation of Reality Testing during Early-morning Sleep: A Proof of Concept," *Consciousness and Cognition*, 2020
- Erlacher, Daniel, et al., "Ring, Ring, Ring . . . Are You Dreaming? Combining Acoustic Stimulation and Reality Testing for Lucid Dream Induction: A Sleep Laboratory Study," *International Journal of Dream Research*, 2020
- Erlacher, Daniel, et al., "Time for Actions in Lucid Dreams: Effects of Task Modality, Length, and Complexity," *Frontiers in Psychology*, 2014
- Erlacher, Daniel, Shredl, Michael, and Stumbrys, Tadas, "Self- perceived Effects of Lucid Dreaming on Mental and Physical Health," *International Journal of Dream Research*, 2020
- Fagiani, Francesca, et al., "The Circadian Molecular Machinery in CNS Cells: A Fine Tuner of Neuronal and Glial Activity with Space/Time Resolution," *Frontiers in Molecular Neuroscience*, July 1, 2022
- Fan, Fengmei, et al., "Development of the Default-mode Network during Childhood and Adolescence: A Longitudinal Resting-state fMRI Study," *NeuroImage*, 2021
- Fazekas, Peter, Nanay, Bence, and Pearson, Joel, "Offline Perception: An Introduction," *Philosophical Transactions of the Royal Society*, October 28, 2020
- Fell, Jürgen, et al., "Human Memory Formation Is Accompanied by Rhinal–Hippocampal Coupling and Decoupling," *Nature Neuroscience*, December 2001
- Fennig, S., Salganik, E., and Chayat, M., "Psychotic Episodes and Nightmares: A Case Study," *The Journal of Nervous and Mental Disease*, January 1992
- Fenwick, Peter, et al., "Lucid Dreaming: Correspondence between Dreamed and Actual Events in One Subject during REM Sleep," *Biological Psychology*, 1984
- Fireman, G. D., Levin, R., and Pope, A. W., "Narrative Qualities of Bad Dreams and Nightmares," *Dreaming*, 2014
- Fogel, Stuart M., et al., "A Novel Approach to Dream Content Analysis Reveals Links between Learning-related Dream Incorporation and Cognitive Abilities," *Frontiers in Psychology*, August 8, 2018
- Fogli, Alessandro, Aiello, Luca Maria, and Quercia, Daniele, "Our Dreams, Our Selves: Automatic Analysis of Dream Reports," *Royal Society Open Science*, August 26, 2020
- Foulkes, David, "Sleep and Dreams. Dream Research: 1953–1993," *Sleep*, 1996
- Foulkes, David, et al., "REM Dreaming and Cognitive Skills at Age 5–8: A Cross-sectional Study," *International Journal of Behavioral Development*, 1990
- Fox, Kieran C. R., Andrews-Hanna, Jessica R., and Christoff, Kalina, "The Neurobiology of Self-generated Thought from Cells to Systems: Integrating Evidence from Lesion Studies, Human Intracranial Electrophysiology, Neurochemistry, and Neuroendocrinology," *Neuroscience,* 2016
- Fox, Kieran C. R., et al., "Changes in Subjective Experience Elicited by Direct Stimulation of the Human Orbitofrontal Cortex," *Neurology*, September 19, 2018
- Fox, Kieran C. R., et al., "Dreaming as Mind Wandering: Evidence from Functional Neuroimaging and First-person Content Reports," *Frontiers in Human Neuroscience*, July 30, 2013
- Fox, Kieran C. R., et al., "Intrinsic Network Architecture Predicts the Effects Elicited by Intracranial Electrical Stimulation of the Human Brain," *Nature Human Behaviour*, October 2020
- Fränkl, Eirin, et al., "How Our Dreams Changed during the COVID-19 Pandemic: Effects and Correlates of Dream Recall Frequency—A Multinational Study on 19,355 Adults," *Nature and Science of Sleep*, 2021
- Frick, Andrea, Hansen, Melissa, and Newcombe, Nora S., "Development of Mental Rotation in 3-to 5-year-old Children," *Cognitive Development*, 2013
- Fried, Itzhak, et al., "Electric Current Stimulates Laughter," *Nature*, February 12, 1998
- Fried, Itzhak, MacDonald, Katherine A., and Wilson, Charles L., "Single Neuron Activity in Human Hippocampus and Amygdala during Recognition of Faces and Objects," *Neuron*, May 1997
- Fröhlich, Flavio, Sellers, Kristin K., and Cordle, Asa L, "Targeting the Neurophysiology of Cognitive Systems with Transcranial Alternating Current Stimulation," *Expert Review of Neurotherapeutics*, December 30, 2014
- Fulford, Jon, et al., "The Neural Correlates of Visual Imagery Vividness—An fMRI Study and Literature Review," *Cortex*, 2018
- Funkhouser, Arthur, "Dreams and Dreaming among the Elderly: An Overview," *Aging and Mental Health*, June 2010

- Garcia, Odalis, et al., "What Goes Around Comes Around: Nightmares and Daily Stress Are Bidirectionally Associated in Nurses," *Stress and Health*, 2021
- Gauchat, Aline, et al., "The Content of Recurrent Dreams in Young Adolescents," *Consciousness and Cognition*, December 2015
- Georgiadis, J. R., and Kringelbach, M. L., "The Human Sexual Response Cycle: Brain Imaging Evidence Linking Sex to Other Pleasures," *Progress in Neurobiology*, 2012
- Gerrans, Philip, "Dream Experience and a Revisionist Account of Delusions of Misidentification," *Consciousness and Cognition*, 2012
- Gerrans, Philip, "Pathologies of Hyperfamiliarity in Dreams, Delusions, and Déja Vu," *Frontiers in Psychology*, February 20, 2014
- Gieselmann, Annika, et al., "Aetiology and Treatment of Nightmare Disorder: State of the Art and Future Perspectives," *Journal of Sleep Research*, November 22, 2018
- Giordano, Alessandra, et al., "Body Schema Self-awareness and Related Dream Content Modifications in Amputees Due to Cancer," *Brain Sciences*, December 9, 2021
- Giordano, Alessandra, et al., "Dream Content Changes in Women After Mastectomy: An Initial Study of Body Imagery after Body-disfiguring Surgery," *Dreaming*, 2012
- Glasser, Matthew F., et al., "A Multi-modal Parcellation of Human Cerebral Cortex," *Nature*, August 11, 2016
- Gofton, Teneille E., et al., "Cerebral Cortical Activity after Withdrawal of Life-sustaining Measures in Critically Ill Patients," *American Journal of Transplantation*, July 13, 2022
- Golden, R., et al., "Representation of Memories in an Abstract Synaptic Space and Its Evolution with and without Sleep," *PLOS Computational Biology*, 2022
- Golden, Ryan, et al., "Sleep Prevents Catastrophic Forgetting in Spiking Neural Networks by Forming a Joint Synaptic Weight Representation," *PLOS Computational Biology*, 2022
- Gomes, Marleide da Mota, and Nardi, Antonio E., "Charles Dickens' Hypnagogia, Dreams, and Creativity," *Frontiers in Psychology*, July 27, 2021
- Gorgoni, Maurizio, et al., "Pandemic Dreams: Quantitative and Qualitative Features of the Oneiric Activity during the Lockdown Due to COVID-19 in Italy," *Sleep Medicine*, May 2021
- Gott, Jarrod, et al., "Sleep Fragmentation and Lucid Dreaming," *Consciousness and Cognition*, 2020
- Gott, Jarrod, et al., "Virtual Reality Training of Lucid Dreaming," *Philosophical Transactions of the Royal Society*, July 13, 2020
- Gottesmann, Claude, "The Development of the Science of Dreaming," *International Review of Neurobiology*, 2010
- Gottesmann, Claude, "To What Extent Do Neurobiological Sleep-waking Processes Support Psychoanalysis?" *International Review of Neurobiology*, 2010
- Goyal, S., et al., "Drugs and Dreams," *Indian Journal of Clinical Practice*, May 2011
- Greenberg, Daniel L., and Knowlton, Barbara J., "The Role of Visual Imagery in Autobiographical Memory," *Memory & Cognition*, 2014
- Gregor, Thomas, "A Content Analysis of Mehinaku Dreams," *Ethos*, 1981
- Griffith, Richard M., Miyagi, Otoya, and Tago, Akira, "The Universality of Typical Dreams: Japanese vs. Americans," *American Anthropologist*, December 1958
- Grover, Sandeep, and Mehra, Aseem, "Incubus Syndrome: A Case Series and Review of Literature," *Indian Journal of Psychological Medicine*, 2018
- Guillory, Sean A., and Bujarski, Krzysztof A., "Exploring Emotions Using Invasive Methods: Review of 60 Years of Human Intracranial Electrophysiology," *Scan*, 2014
- Gulyás, Erzsébet, et al., "Visual Imagery Vividness Declines across the Lifespan," *Cortex*, 2022
- Hall, C. S., "Diagnosing Personality by the Analysis of Dreams," *The Journal of Abnormal and Social Psychology*, 1947
- Hall, C. S., "What People Dream About," *Scientific American*, May 1951
- Hansen, Kathrin, et al., "Efficacy of Psychological Interventions Aiming to Reduce Chronic Nightmares: A Meta-analysis," *Clinical Psychology Review*, February 2013

- Harris, Kenneth D., and Thiele, Alexander, "Cortical State and Attention," *Nature Reviews Neuroscience*, September 2011

- Hartmann, Ernest, "Making Connections in a Safe Place: Is Dreaming Psychotherapy?" *Dreaming*, 1995

- Hartmann, Ernest, "Nightmare after Trauma as Paradigm for All Dreams: A New Approach to the Nature and Functions of Dreaming," *Psychiatry*, 1998

- Hartmann, Ernest, "The Underlying Emotion and the Dream: Relating Dream Imagery to the Dreamer's Underlying Emotion Can Help Elucidate the Nature of Dreaming," *International Review of Neurobiology*, 2010

- Hartmann, Ernest, et al., "Who Has Nightmares? The Personality of the Lifelong Nightmare Sufferer," *Archives of General Psychiatry*, 1987

- Hawkins, G. E., et al., "Toward a Model-based Cognitive Neuroscience of Mind Wandering," *Neuroscience*, 2015

- Heather-Greener, Gail Q., Comstock, Dana, and Joyce, Roby, "An Investigation of the Manifest Dream Content Associated with Migraine Headaches: A Study of the Dreams That Precede Nocturnal Migraines," *Psychotherapy and Psychosomatics*, 1996

- Hefez, Albert, Metz, Lily, and Lavie, Peretz, "Long-term Effects of Extreme Situational Stress on Sleep and Dreaming," *American Journal of Psychiatry*, 1987

- Herlin, Bastien, et al., "Evidence that Non-dreamers Do Dream: A REM Sleep Behaviour Disorder Model," *Journal of Sleep Research*, 2015

- Hertenstein, Matthew J., et al., "Touch Communicates Distinct Emotions," Emotion, 2006

- Hirst, Manton, "Dreams and Medicines: The Perspective of Xhosa Diviners and Novices in the Eastern Cape, South Africa," *Indo-Pacific Journal of Phenomenology*, December 2005

- Hobson, Allan, and Kahn, David, "Dream Content: Individual and Generic Aspects," *Consciousness and Cognition*, December 2007

- Holzinger, Brigitte, Saletu, Bernd, and Klösch, Gerhard, "Cognitions in Sleep: Lucid Dreaming as an Intervention for Nightmares in Patients with Posttraumatic Stress Disorder," *Frontiers in Psychology*, 2020

- Hong, Charles Chong-Hwa, et al., "Rapid Eye Movements in Sleep Furnish a Unique Probe into Consciousness," *Frontiers in Psychology*, October 31, 2018

- Hong, Charles Chong-Hwa, Fallon, James H, and Friston, Karl J., "fMRI Evidence for Default Mode Network Deactivation Associated with Rapid Eye Movements in Sleep," *Brain Sciences*, 2021

- Horikawa, T., et al., "Neural Decoding of Visual Imagery during Sleep," *Science*, 2013

- Hornung, Orla P., "The Relationship between REM Sleep and Memory Consolidation in Old Age and Effects of Cholinergic Medication," *Biological Psychiatry*, 2007

- Horton, Caroline L., "Key Concepts in Dream Research: Cognition and Consciousness Are Inherently Linked, but Do No Not Control 'Control'!" *Frontiers in Human Neuroscience*, July 17, 2020

- Horváth, Gyöngyvér, "Visual Imagination and the Narrative Image: Parallelisms between Art History and Neuroscience," *Cortex*, 2018

- Hoss, Robert J., "Content Analysis on the Potential Significance of Color in Dreams: A Preliminary Investigation," *International Journal of Dream Research*, 2010

- Hossain, Shyla R., Simner, Julia, and Ipser, Alberta, "Personality Predicts the Vibrancy of Colour Imagery: The Case of Synaesthesia," *Cortex*, 2018

- Inman, Cory S., et al., "Human Amygdala Stimulation Effects on Emotion Physiology and Emotional Experience," *Neuropsychologia*, 2020

- Iorio, Ilaria, Sommantico, Massimiliano, and Parrello, Santa, "Dreaming in the Time of COVID-19: A Quali-quantitative Italian Study," *Dreaming*, 2020

- Jacobs, Christianne, Schwarzkopf, Dietrich S., and Silvanto, Juha, "Visual Working Memory Performance in Aphantasia," *Cortex*, 2018

- Jafari, Eisa, et al., "Intensified Electrical Stimulation Targeting Lateral and Medial Prefrontal Cortices for the Treatment of Social Anxiety Disorder: A Randomized, Double-blind, Parallel-group, Dose-comparison Study," *Brain Stimulation*, 2021

- Jalal, Baland, "How to Make the Ghosts in My Bedroom Disappear? Focused-attention Meditation Combined with Muscle Relaxation (MR Therapy)— A Direct Treatment Intervention for Sleep Paralysis," *Frontiers in Psychology*, 2016

- Jalal, Baland, " 'Men Fear Most What They Cannot See.' Sleep Paralysis 'Ghost Intruders' and Faceless 'Shadow-people'— The Role of the Right Hemisphere and Economizing Nature of Vision," *Medical Hypotheses*, 2021
- Jalal, Baland, "The Neuropharmacology of Sleep Paralysis Hallucinations: Serotonin 2A Activation and a Novel Therapeutic Drug," *Psychopharmacology*, 2018
- Jalal, Baland, and Hinton, Devon E., "Rates and Characteristics of Sleep Paralysis in the General Population of Denmark and Egypt," *Culture, Medicine and Psychiatry*, 2013
- Jalal, Baland, and Ramachandran, Vilayanur S., "Sleep Paralysis and 'the Bedroom Intruder': The Role of the Right Superior Parietal, Phantom Pain and Body Image Projection," *Medical Hypotheses*, 2014
- Jalal, Baland, Romanelli, Andrea, and Hinton, Devon E., "Cultural Explanations of Sleep Paralysis in Italy: The Pandafeche Attack and Associated Supernatural Beliefs," *Culture, Medicine and Psychiatry*, March 2015
- James, Ella L., et al., "Computer Game Play Reduces Intrusive Memories of Experimental Trauma via Reconsolidation-update Mechanisms," *Psychological Science*, 2015
- Janssen, Diederik F., "First Stirrings: Cultural Notes on Orgasm, Ejaculation, and Wet Dreams," *Journal of Sex Research*, 2007
- Janszky, J., et al., "Orgasmic Aura—A Report of Seven Cases," *Seizure*, 2004
- Jensen, Ole, Kaiser, Jochen, and Lachaux, Jean-Philippe, "Human Gamma-frequency Oscillations Associated with Attention and Memory," *Trends in Neurosciences*, 2007
- Jiang, Yi, et al., "A Gender-and Sexual Orientation-dependent Spatial Attentional Effect of Invisible Images," *Proceedings of the National Academy of Sciences*, November 7, 2006
- Johnson, E. L., et al., "Direct Brain Recordings Reveal Prefrontal Cortex Dynamics of Memory Development," *Scientific Advances*, 2018
- Jun, Jin-Sun, et al., "Emotional and Environmental Factors Aggravating Dream Enactment Behaviors in Patients with Isolated REM Sleep Behavior Disorder," *Nature and Science of Sleep*, September 24, 2022
- Jus, A., et al., "Studies on Dream Recall in Chronic Schizophrenic Patients after Frontal Lobotomy," *Biological Psychiatry*, 1973
- Kahn, David, "Brain Basis of Self: Self-organization and Lessons from Dreaming," *Frontiers in Psychology*, July 16, 2013
- Kahn, David, "Reactions to Dream Content: Continuity and Non-continuity," *Frontiers in Psychology*, December 3, 2019
- Kahn, David, and Gover, Tzivia, "Consciousness in Dreams," *International Review of Neurobiology*, 2010
- Kahn, David, and Hobson, Allan, "Theory of Mind in Dreaming: Awareness of Feelings and Thoughts of Others in Dreams," *Dreaming*, 2005
- Kam, Julia W. Y., Mittner, Matthias, and Knight, Robert T., "Mind-wandering: Mechanistic Insights from Lesion, tDCS, and iEEG," *Trends in Cognitive Sciences*, March 2022
- Kay, Kenneth, and Frank, Loren, M., "Three Brain States in the Hippocampus and Cortex," *Hippocampus*, 2019
- Kellermann, Natan P. F., "Epigenetic Transmission of Holocaust Trauma: Can Nightmares Be Inherited?" Israel Journal of *Psychiatry and Related Sciences*, 2013
- Keogh, Rebecca, and Pearson, Joel, "The Blind Mind: No Sensory Visual Imagery in Aphantasia," *Cortex*, 2018
- Khambhati, Ankit N., et al., "Functional Control of Electrophysiological Network Architecture Using Direct Neurostimulation in Humans," *Network Neuroscience*, April 14, 2019
- King, David B., DeCicco, Teresa L., and Humphreys, Terry P., "Investigating Sexual Dream Imagery in Relation to Daytime Sexual Behaviours and Fantasies among Canadian University Students," *The Canadian Journal of Human Sexuality*, 2009
- Kirmayer, Laurence J., "Nightmares, Neurophenomenology and the Cultural Logic of Trauma," *Culture, Medicine and Psychiatry*, 2016
- Kleitman, Nathaniel, "Patterns of Dreaming," *Scientific American*, 1960
- Komar, Sierra, "Insomniac Technologies: Sleep Wearables Ensure That You Are Never Really at Rest," *Real Life*, April 21, 2022
- König, Nina, and Schredl, Michael, "Music in Dreams: A Diary Study," *Psychology of Music*, 2021
- Köthe, Martina, and Pietrowsky, Reinhard, "Behavioral Effects of Nightmares and Their Correlations to Personality Patterns," *Dreaming*, 2001

- Koutroumanidis, Michael, et al., "Tooth Brushing–induced Seizures: A Case Report," *Epilepsia*, 2001

- Krakow, Barry, and Zadra, Antonio, "Clinical Management of Chronic Nightmares: Imagery Rehearsal Therapy," *Behavioral Sleep Medicine*, 2006

- Krakow, Barry, et al., "Nightmare Frequency in Sexual Assault Survivors with PTSD," *Journal of Anxiety Disorders*, 2002

- Krishnan, Dolly, "Orchestration of Dreams: A Possible Tool for Enhancement of Mental Productivity and Efficiency," *Sleep and Biological Rhythms*, January 2021

- Krone, Lukas, et al., "Top- down Control of Arousal and Sleep: Fundamentals and Clinical Implications," *Sleep Medicine Reviews*, 2017

- Kroth, Jerry, et al., "Dream Characteristics of Stock Brokers after a Major Market Downturn," *Psychological Reports*, 2002

- Kroth, Jerry, et al., "Dream Reports and Marital Satisfaction," *Psychological Reports*, 2005

- Kruger, Tyler B., et al., "Using Deliberate Mind-wandering to Escape Negative Mood States: Implications for Gambling to Escape," *Journal of Behavioral Addictions*, October 2, 2020

- Ku, Jeonghun, et al., "Brain Mechanisms Involved in Processing Unreal Perceptions," *NeuroImage*, 2008

- Kumar, Santosh, Soren, Subhash, and Chaudhury, Suprakash, "Hallucinations: Etiology and Clinical Implications," *Industrial Psychiatry Journal*, 2009

- Kunze, Anna E., Arntz, Arnoud, and Kindt, Merel, "Fear Conditioning with Film Clips: A Complex Associative Learning Paradigm," *Journal of Behavior Therapy and Experimental Psychiatry*, 2015

- Kunze, Anna E., et al., "Efficacy of Imagery Rescripting and Imaginal Exposure for Nightmares: A Randomized Wait-list Controlled Trial," *Behaviour Research and Therapy*, 2017

- Kussé, Caroline, et al., "Neuroimaging of Dreaming: State of the Art and Limitations," *International Review of Neurobiology*, 2010

- Kuzmičová, Anežka, "Presence in the Reading of Literary Narrative: A Case for Motor Enactment," *Semiotica*, 2011

- LaBerge, Stephen, Baird, Benjamin, and Zimbardo, Philip G., "Smooth Tracking of Visual Targets Distinguishes Lucid REM Sleep Dreaming and Waking Perception from Imagination," *Nature Communications*, 2018

- Lai, George, et al., "Acute Effects and the Dreamy State Evoked by Deep Brain Electrical Stimulation of the Amygdala: Associations of the Amygdala in Human Dreaming, Consciousness, Emotions, and Creativity," *Frontiers in Human Neuroscience*, February 25, 2020

- Lakoff, George, "How Metaphor Structures Dreams: The Theory of Conceptual Metaphor Applied to Dream Analysis," *Dreaming*, 1993

- Lamberg, Lynne, "Scientists Never Dreamed Finding Would Shape a Half-century of Sleep Research," *JAMA*, 2003

- Lancee, Jaap, Spoormaker, Victor I., and van den Bout, Jan, "Nightmare Frequency Is Associated with Subjective Sleep Quality but Not with Psychopathology," *Sleep and Biological Rhythms*, 2010

- Lancee, Jaap, et al., "A Systematic Review of Cognitive-behavioral Treatment for Nightmares: Toward a Well-established Treatment," *Journal of Clinical Sleep Medicine*, 2008

- Landin-Romero, Ramon, et al., "How Does Eye Movement Desensitization and Reprocessing Therapy Work? A Systematic Review on Suggested Mechanisms of Action," *Frontiers in Psychology,* August 13, 2018

- Lansky, Melvin R., "Nightmares of a Hospitalized Rape Victim," *Bulletin of the Menninger Clinic* ; Winter 1995

- Lara-Carrasco, Jessica, et al., "Overnight Emotional Adaptation to Negative Stimuli Is Altered by REM Sleep Deprivation and Is Correlated with Intervening Dream Emotions," *Journal of Sleep Research*, 2009

- Lavie, P., et al., "Localized Pontine Lesion: Nearly Total Absence of REM Sleep," *Neurology*, January 1984

- Leary, Eileen B., et al., "Association of Rapid Eye Movement Sleep with Mortality in Middle-aged and Older Adults," *JAMA Neurology,* July 6, 2020

- Lee, Seung-Hee, and Dan, Yang, "Neuromodulation of Brain States," *Neuron*, October 4, 2012

- Lee, UnCheol, et al., "Disruption of Frontal–Parietal Communication by Ketamine, Propofol, and Sevoflurane," *Anesthesiology*, 2013

- Leung, Alexander K. C., and Robson, William Lane M., "Nightmares," *Journal of the American Medical Association*, 1993

- Levin, Ross, and Nielsen, Tore, "Nightmares, Bad Dreams, and Emotion Dysregulation: A Review and New Neurocognitive Model of Dreaming," *Current Directions in Psychological Science*, 2009

- Levin, Ross, and Nielsen, Tore, "Disturbed Dreaming, Posttraumatic Stress Disorder, and Affect Distress: A Review and Neurocognitive Model," *Psychological Bulletin*, 2007

- Lewis, J. E., "Dream Reports of Animal Rights Activists," *Dreaming*, 2008

- Li, Yanyan, et al., "Neural Substrates of External and Internal Visual Sensations Induced by Human Intracranial Electrical Stimulation," *Frontiers in Neuroscience*, July 2022

- Liddon, Sim C., "Sleep Paralysis and Hypnagogic Hallucinations: Their Relationship to the Nightmare," *Archives of General Psychiatry*, 1967

- Lima, Susana Q., "Genital Cortex: Development of the Genital Homunculus," *Current Biology*, 2019

- Litz, Brett T., et al., "Predictors of Emotional Numbing in Posttraumatic Stress Disorder," *Journal of Traumatic Stress*, 1997

- Liu, Siyuan, et al., "Brain Activity and Connectivity during Poetry Composition: Toward a Multidimensional Model of the Creative Process," *Human Brain Mapping*, May 26, 2015

- Liu, Xianchen, et al., "Nightmares Are Associated with Future Suicide Attempt and Non-suicidal Self-injury in Adolescents," *Journal of Clinical Psychiatry*, 2019

- Livezey, Jeffrey, Oliver, Thomas, and Cantilena, Louis, "Prolonged Neuropsychiatric Symptoms in a Military Service Member Exposed to Mefloquine," *Drug Safety Case Reports*, 2016

- Llewellyn, Sue, "Crossing the Invisible Line: De-differentiation of Wake, Sleep and Dreaming May Engender Both Creative Insight and Psychopathology," *Consciousness and Cognition*, 2016

- Llewellyn, Sue, "Dream to Predict? REM Dreaming as Prospective Coding," *Frontiers in Psychology*, January 5, 2016

- Llewellyn, Sue, and Desseilles, Martin, "Editorial: Do Both Psychopathology and Creativity Result from a Labile Wake–Sleep–Dream Cycle?" *Frontiers in Psychology*, October 20, 2017

- Lortie-Lussier, Monique, Schwab, Christine, and De Koninck, Joseph, "Working Mothers versus Homemakers: Do Dreams Reflect the Changing Roles of Women?" *Sex Roles*, May 1985

- Lusignan, Félix-Antoine, et al., "Dream Content in Chronically-treated Persons with Schizophrenia," *Schizophrenia Research*, 2009

- MacKay, Cassidy, and DeCicco, Teresa L., "Pandemic Dreaming: The Effect of COVID-19 on Dream Imagery, a Pilot Study," *Dreaming*, 2020

- MacKisack, Matthew, "Painter and Scribe: From Model of Mind to Cognitive Strategy," *Cortex*, 2018

- Maggiolini, Alfio, et al., "Typical Dreams across the Life Cycle," *International Journal of Dream Research*, 2020

- Magidov, Efrat, et al., "Near- total Absence of REM Sleep Co-occurring with Normal Cognition: An Update of the 1984 Paper," *Sleep Medicine*, 2018

- Mahowald, Mark W., and Schenck, Carlos H., "Insights from Studying Human Sleep Disorders," *Nature*, October 27, 2005

- Mainieri, Greta, et al., "Are Sleep Paralysis and False Awakenings Different from REM Sleep and from Lucid REM Sleep? A Spectral EEG Analysis," *Journal of Clinical Sleep Medicine*, April 1, 2021

- Mallett, Remington, "Partial Memory Reinstatement while (Lucid) Dreaming to Change the Dream Environment," *Consciousness and Cognition*, 2020

- Manni, R., and Terzaghi, M., "Dreaming and Enacting Dreams in Nonrapid Eye Movement and Rapid Eye Movement Parasomnia: A Step Toward a Unifying View within Distinct Patterns?" *Sleep Medicine*, 2013

- Manni, Raffaele, et al., "Hallucinations and REM Sleep Behaviour Disorder in Parkinson's Disease: Dream Imagery Intrusions and Other Hypotheses," *Consciousness and Cognition*, 2011

- Maquet, Pierre, "The Role of Sleep in Learning and Memory," *Science*, 2001

- Maquet, Pierre, et al., "Functional Neuroanatomy of Human Rapid-eye-movement Sleep and Dreaming," *Nature*, September 12, 1996

- Marinelli, Lydia, "Screening Wish Theories: Dream Psychologies and Early Cinema," *Science in Context*, 2006

- Mason, Malia F., et al., "Wandering Minds: The Default Network and Stimulus-independent Thought," *Science*, January 19, 2007

- McCaig, R. Graeme, et al., "Improved Modulation of Rostrolateral Prefrontal Cortex Using Real-time fMRI Training and Meta-cognitive Awareness," *NeuroImage*, 2011

- McCormick, Cornelia, et al., "Mind-wandering in People with Hippocampal Damage," *The Journal of Neuroscience*, March 14, 2018
- McCormick, L., et al., "REM Sleep Dream Mentation in Right Hemispherectomized Patients," *Neuropsychologia*, 1997
- McKiernan, Kristen A., et al., "Interrupting the 'Stream of Consciousness': An fMRI Investigation," *NeuroImage*, 2006
- McNally, Richard J., and Clancy, Susan A., "Sleep Paralysis, Sexual Abuse, and Space Alien Abduction," *Transcultural Psychiatry*, March 2005
- McNamara, Patrick, et al., "Impact of REM Sleep on Distortions of Self-concept, Mood and Memory in Depressed/Anxious Participants," *Journal of Affective Disorders*, 2010
- Melzack, Ronald, "Phantom Limbs, the Self and the Brain," *Canadian Psychology*, 1989
- Mevel, Katell, et al., "The Default Mode Network in Healthy Aging and Alzheimer's Disease," *International Journal of Alzheimer's Disease*, 2011
- Michels, Lars, et al., "The Somatosensory Representation of the Human Clitoris: An fMRI Study," *NeuroImage*, 2010
- Mikulincer, Mario, Shaver, Phillip R., and Avihou-Kanza, Neta, "Individual Differences in Adult Attachment Are Systematically Related to Dream Narratives," *Attachment & Human Development*, 2011
- Mills, Caitlin, et al., "Is an Off-task Mind a Freely-moving Mind? Examining the Relationship between Different Dimensions of Thought," *Consciousness and Cognition*, 2018
- Molendijk, Marc L., et al., "Prevalence Rates of the Incubus Phenomenon: A Systematic Review and Meta-analysis," *Frontiers in Psychiatry,* November 24, 2017
- Morewedge, Carey K., and Norton, Michael I., "When Dreaming Is Believing: The (Motivated) Interpretation of Dreams," *Journal of Personality and Social Psychology*, 2009
- Mota, Natália B., et al., "Graph Analysis of Dream Reports Is Especially Informative about Psychosis," *Scientific Reports*, January 15, 2014
- Mota, Natália B., et al., "Dreaming during the Covid-19 Pandemic: Computational Assessment of Dream Reports Reveals Mental Suffering Related to Fear of Contagion," *PLOS One*, November 30, 2020
- Mota-Rolim, Sérgio A., and Araujo, John F., "Neurobiology and Clinical Implications of Lucid Dreaming," *Medical Hypotheses*, 2013
- Mota-Rolim, Sérgio A., de Almondes, Katie M., and Kirov, Roumen, "Editorial: 'Is this a Dream?'— Evolutionary, Neurobiological and Psychopathological Perspectives on Lucid Dreaming," *Frontiers in Psychology*, 2021
- Mota-Rolim, Sérgio A., et al., "Different Kinds of Subjective Experience during Lucid Dreaming May Have Different Neural Substrates," *International Journal of Dream Research,* 2010
- Mota-Rolim, Sérgio A., et al., "Portable Devices to Induce Lucid Dreaming—Are They Reliable?" *Frontiers in Neuroscience*, May 8, 2019
- Mota-Rolim, Sérgio A., et al., "The Dream of God: How Do Religion and Science See Lucid Dreaming and Other Conscious States during Sleep?" *Frontiers in Psychology*, October 6, 2020
- Moulton, Samuel T., and Kosslyn, Stephen M., "Imagining Predictions: Mental Imagery as Mental Emulation," *Philosophical Transactions of the Royal Society,* 2008
- Moyne, Maëva, et al., "Brain Reactivity to Emotion Persists in NREM Sleep and Is Associated with Individual Dream Recall," *Cerebral Cortex Communications*, 2022
- Mukamel, Roy, and Fried, Itzhak, "Human Intracranial Recordings and Cognitive Neuroscience," *Annual Review of Psychology*, 2012
- Mullally, Sinéad L., and Maguire, Eleanor A., "Memory, Imagination, and Predicting the Future: A Common Brain Mechanism?" *The Neuroscientist*, 2014
- Muret, Dollyane, et al., "Beyond Body Maps: Information Content of Specific Body Parts Is Distributed across the Somatosensory Homunculus," *Cell Reports*, 2022
- Murzyn, Eva, "Do We Only Dream in Colour? A Comparison of Reported Dream Colour in Younger and Older Adults with Different Experiences of Black and White Media," *Consciousness and Cognition*, 2008
- Musse, Fernanda Cristina Coelho, et al., "Mental Violence: The COVID-19 Nightmare," *Frontiers in Psychiatry,* October 30, 2020

- Nagy, Tamás, et al., "Frequent Nightmares Are Associated with Blunted Cortisol Awakening Response in Women," *Physiology & Behavior*, 2015
- Naiman, Rubin, "Dreamless: The Silent Epidemic of REM Sleep Loss," *Annals of the New York Academy of Sciences*, August 15, 2017
- Najam, N., et al., "Dream Content: Reflections of the Emotional and Psychological States of Earthquake Survivors," *Dreaming*, 2006
- Nanay, Bence, "Multimodal Mental Imagery," Cortex, 2018 Nathan, R. J., Rose-Itkoff, C., and Lord, G., "Dreams, First Memories, and Brain Atrophy in the Elderly," *Hillside Journal of Clinical Psychiatry*, 1981
- Neimeyer, Robert A , Torres, Carlos, and Smith, Douglas C., "The Virtual Dream: Rewriting Stories of Loss and Grief," *Death Studies*, 2011
- Nemeth, Georgina, "The Route to Recall a Dream: Theoretical Considerations and Methodological Implications," *Psychological Research*, August 12, 2022
- Nevin, Remington L., "A Serious Nightmare: Psychiatric and Neurologic Adverse Reactions to Mefloquine Are Serious Adverse Reactions," *Pharmacology Research & Perspectives*, June 5, 2017
- Nevin, Remington L., and Ritchie, Elspeth Cameron, "FDA Black Box, VA Red Ink? A Successful Service-connected Disability Claim for Chronic Neuropsychiatric Adverse Effects from Mefloquine," *Federal Practitioner*, 2016
- Nicolas, Alain, and Ruby, Perrine M., "Dreams, Sleep and Psychotropic Drugs," *Frontiers in Neurology*, November 5, 2020
- Nielsen, Tore, "Nightmares Associated with the Eveningness Chronotype," *Journal of Biological Rhythms*, February 2010
- Nielsen, Tore, "The Stress Acceleration Hypothesis of Nightmares," *Frontiers in Neurology*, June 1, 2017
- Nielsen, Tore, and Levin, Ross, "Nightmares: A New Neurocognitive Model," *Sleep Medicine Reviews*, 2007
- Nielsen, Tore, and Paquette, Tyna, "Dream- associated Behaviors Affecting Pregnant and Postpartum Women," *Sleep*, 2007
- Nielsen, Tore, and Powell, Russell A., "Dreams of the Rarebit Fiend : Food and Diet as Instigators of Bizarre and Disturbing Dreams," *Frontiers in Psychology*, February 17, 2015
- Nielsen, Tore, et al., "Immediate and Delayed Incorporations of Events into Dreams: Further Replication and Implications for Dream Function," *Journal of Sleep Research*, 2004
- Nielsen, Tore, et al., "REM Sleep Characteristics of Nightmare Sufferers before and after REM Sleep Deprivation," *Sleep Medicine*, 2010
- Nir, Yuval, and Tononi, Giulio, "Dreaming and the Brain: From Phenomenology to Neurophysiology," *Trends in Cognitive Sciences*, 2010
- Nummenmaa, Lauri, et al., "Topography of Human Erogenous Zones," *Archives of Sexual Behavior*, 2016
- Nunn, Charles L., and Samson, David R., "Sleep in a Comparative Context: Investigating How Human Sleep Differs from Sleep in Other Primates," *American Journal of Physical Anthropology*, February 14, 2018
- O'Callaghan, Claire, Walpola, Ishan C., and Shine, James M., "Neuromodulation of the Mind-wandering Brain State: The Interaction between Neuromodulatory Tone, Sharp Wave-ripples and Spontaneous Thought," *Philosophical Transactions of the Royal Society*, December 14, 2020
- Occhionero, Miranda, and Cicogna, Piera Carla, "Autoscopic Phenomena and One's Own Body Representation in Dreams," *Consciousness and Cognition*, 2011
- O'Connor, Alison M., and Evans, Angela D., "The Role of Theory of Mind and Social Skills in Predicting Children's Cheating," *Journal of Experimental Child Psychology*, 2019
- O'Donnell, Caitlin, et al., "The Role of Mental Imagery in Mood Amplification: An Investigation across Subclinical Features of Bipolar Disorders," *Cortex*, 2018
- Olunu, Esther, et al., "Sleep Paralysis, a Medical Condition with a Diverse Cultural Interpretation," *International Journal of Applied and Basic Medical Research*, 2018
- Onians, John, "Art, the Visual Imagination and Neuroscience: The Chauvet Cave, Mona Lisa's Smile and Michelangelo's Terribilita," *Cortex*, 2018
- Osorio-Forero, Alejandro, et al., "When the Locus Coeruleus Speaks Up in Sleep: Recent Insights, Emerging Perspectives," *International Journal of Molecular Sciences*, 2022

- Otaiku, Abidemi I., "Distressing Dreams, Cognitive Decline, and Risk of Dementia: A Prospective Study of Three Population-based Cohorts," *eClinicalMedicine*, September 21, 2022
- Otaiku, Abidemi I., "Distressing Dreams and Risk of Parkinson's Disease: A Population-Based Cohort Study," *eClinicalMedicine*, June 2022
- Otaiku, Abidemi I., "Dream Content Predicts Motor and Cognitive Decline in Parkinson's Disease," *Movement Disorders Clinical Practice*, 2021
- Oudiette, Delphine, et al., "Evidence for the Re-enactment of a Recently Learned Behavior during Sleepwalking," *PLOS One*, March 2011
- Owczarski, Wojciech, "Dreaming 'the Unspeakable'? How the Auschwitz Concentration Camp Prisoners Experienced and Understood Their Dreams," *Anthropology of Consciousness*, 2020
- Pace-Schott, Edward F., "Dreaming as a Storytelling Instinct," *Frontiers in Psychology*, April 2, 2013
- Pace-Schott, Edward F., et al., "Effects of Post-exposure Naps on Exposure Therapy for Social Anxiety," *Psychiatry Research*, October 9, 2018
- Pagel, James F., "Post- Freudian PTSD: Breath, the Protector of Dreams," *Journal of Clinical Sleep Medicine*, October 15, 2017
- Pagel, James F., "What Physicians Need to Know about Dreams and Dreaming," *Current Opinion in Pulmonary Medicine*, 2012
- Pagel, J. F., Kwiatkowski, C., and Broyles, K. E., "Dream Use in Film Making," *Dreaming*, 1999
- Paiva, Teresa, Bugalho, Paulo, and Bentes, Carla, "Dreaming and Cognition in Patients with Frontotemporal Dysfunction," *Consciousness and Cognition*, 2011
- Palermo, Liana, et al., "Congenital Lack and Extraordinary Ability in Object and Spatial Imagery: An Investigation on Sub-types of Aphantasia and Hyperphantasia," *Consciousness and Cognition*, 2022
- Paller, Ken A., Creery, Jessica D., and Schechtman, Eitan, "Memory and Sleep: How Sleep Cognition Can Change the Waking Mind for the Better," *Annual Review of Psychology*, 2021
- Parvizi, Josef, "Corticocentric Myopia: Old Bias in New Cognitive Sciences," *Trends in Cognitive Sciences*, 2009
- Pearson, Joel, "The Human Imagination: The Cognitive Neuroscience of Visual Mental Imagery," *Nature Reviews Neuroscience*, October 2019
- Pearson, Joel, and Westbrook, Fred, "Phantom Perception: Voluntary and Involuntary Nonretinal Vision," Trends in Cognitive Sciences, May 2015
- Peng, Ke, et al., "Brodmann Area 10: Collating, Integrating and High Level Processing of Nociception and Pain," *Progress in Neurobiology*, December 2017
- Perogamvros, L., et al., "Sleep and Dreaming Are for Important Matters," *Frontiers in Psychology*, July 25, 2013
- Pesonen, Anu-Katriina, et al., "Pandemic Dreams: Network Analysis of Dream Content during the COVID-19 Lockdown," *Frontiers in Psychology*, October 1, 2020
- Picard-Deland, Claudia, et al., "Flying Dreams Stimulated by an Immersive Virtual Reality Task," *Consciousness and Cognition*, 2020
- Picard-Deland, Claudia, et al., "The Memory Sources of Dreams: Serial Awakenings across Sleep Stages and Time of Night," *Sleep*, December 3, 2022
- Picard-Deland, Claudia, et al., "Whole- body Procedural Learning Benefits from Targeted Memory Reactivation in REM Sleep and Task-related Dreaming," *Neurobiology of Learning and Memory*, 2021
- Picchioni, Dante, et al., "Nightmares as a Coping Mechanism for Stress," *Dreaming*, 2002
- Plazzi, Giuseppe, "Dante's Description of Narcolepsy," *Sleep Medicine*, 2013
- Postuma, Ronald B., et al., "Antidepressants and REM Sleep Behavior Disorder: Isolated Side Effect or Neurodegenerative Signal?" *Sleep*, 2013
- Prince, Luke Y., and Richards, Blake A., "The Overfitted Brain Hypothesis," *Patterns*, May 14, 2021
- Puig, M. Victoria, and Gulledge, Allan, "Serotonin and Prefrontal Cortex Function: Neurons, Networks, and Circuits," *Molecular Neurobiology*, 2011
- Pyasik, Maria, et al., "Shared Neurocognitive Mechanisms of Attenuating Self-touch and Illusory Self-touch," *Social Cognitive and Affective Neuroscience*, 2019

- Radziun, Dominika, and Ehrsson, H. Henrik, "Short- term Visual Deprivation Boosts the Flexibility of Body Representation," *Scientific Reports*, April 19, 2018

- Raichle, Marcus E., et al., "A Default Mode of Brain Function," *Proceedings of the National Academy of Sciences*, January 16, 2001

- Ramachandran, V. S., Rogers-Ramachandran, D., and Stewart, M., "Perceptual Correlates of Massive Cortical Reorganization," *Science*, November 13, 1992

- Ramezani, Mahtab, et al., "The Impact of Brain Lesions on Sexual Dysfunction in Patients with Multiple Sclerosis: A Systematic Review of Magnetic Resonance Imaging Studies," *Multiple Sclerosis and Related Disorders*, October 31, 2021

- Reid, Sandra D., and Simeon, Donald T., "Progression of Dreams of Crack Cocaine Abusers as a Predictor of Treatment Outcome: A Preliminary Report," *The Journal of Nervous and Mental Disease*, December 2001

- Resnick, Jody, et al., "Self- representation and Bizarreness in Children's Dream Reports Collected in the Home Setting," *Consciousness and Cognition*, March 1994

- Revonsuo, Antti, "The Reinterpretation of Dreams: An Evolutionary Hypothesis of the Function of Dreaming," *Behavioral and Brain Sciences*, 2000

- Rigon, Arianna, et al., "Traumatic Brain Injury and Creative Divergent Thinking," *Brain Injury*, April 2020

- Rimsh, A., and Pietrowsky, R., "Analysis of Dream Contents of Patients with Anxiety Disorders and Their Comparison with Dreams of Healthy Participants," *Dreaming*, 2021

- Riva, Michele Augusto, et al., "The Neurologist in Dante's Inferno," *European Neurology*, April 22, 2015

- Rizzolatti, Giacomo, and Arbib, Michael, "Language within Our Grasp," *Trends in Neuroscience*, 1998

- Rizzolatti, Giacomo, Fogassi, Leonardo, and Gallese, Vittorio, "Neurophysiological Mechanisms Underlying the Understanding and Imitation of Action," *Nature Reviews Neuroscience*, September 2001

- Rosen, Melanie G., "How Bizarre? A Pluralist Approach to Dream Content," *Consciousness and Cognition*, 2018

- Ruby, Perrine, et al., "Dynamics of Hippocampus and Orbitofrontal Cortex Activity during Arousing Reactions from Sleep: An Intracranial Electroencephalographic Study," *Human Brain Mapping*, 2021

- Russell, Kirsten, et al., "Sleep Problem, Suicide and Self-harm in University Students: A Systematic Review," *Sleep Medicine Reviews*, 2019

- Sadavoy, Joel, "Survivors: A Review of the Late-life Effects of Prior Psychological Trauma," *The American Journal of Geriatric Psychiatry*, 1997

- Sagnier, S., et al., "Lucid Dreams, an Atypical Sleep Disturbance in Anterior and Mediodorsal Thalamic Strokes," *Revue Neurologique*, 2015

- Sanders, K. E. G., et al., "Corrigendum: Targeted Memory Reactivation during Sleep Improves Next-day Problem Solving," *Psychological Science*, 2020

- Sándor, Piroska, Szakadát, Sára, and Bódizs, Róbert, "Ontogeny of Dreaming: A Review of Empirical Studies," *Sleep Medicine Reviews*, 2014

- Sato, Joao Ricardo, et al., "Age Effects on the Default Mode and Control Networks in Typically Developing Children," *Journal of Psychiatric Research*, July 18, 2014

- Saunders, David T., et al., "Lucid Dreaming Incidence: A Quality Effects Meta-analysis of 50 Years of Research," *Consciousness and Cognition*, 2016

- Sbarra, David A., Hasselmo, Karen, and Bourassa, Kyle J., "Divorce and Health: Beyond Individual Differences," *Current Directions in Psychological Science*, 2015

- Scarpelli, Serena, et al., "Dreams and Nightmares during the First and Second Wave of the COVID-19 Infection: A Longitudinal Study," *Brain Sciences*, October 20, 2021

- Scarpelli, Serena, et al., "Investigation on Neurobiological Mechanisms of Dreaming in the New Decade," *Brain Sciences*, February 11, 2021

- Scarpelli, Serena, et al., "Nightmares in People with COVID-19: Did Coronavirus Infect Our Dreams?" *Nature and Science of Sleep*, January 24, 2022

- Scarpelli, Serena, et al., "Predicting Dream Recall: EEG Activation during NREM Sleep or Shared Mechanisms with Wakefulness?" *Brain Topography*, April 22, 2017

- Scarpelli, Serena, et al., "The Impact of the End of COVID Confinement on Pandemic Dreams, as Assessed by a Weekly Sleep Diary: A Longitudinal Investigation in Italy," *Journal of Sleep Research*, July 20, 2021
- Schädlich, Melanie, and Erlacher, Daniel, "Practicing Sports In Lucid Dreams—Characteristics, Effects, and Practical Implications," *Current Issues in Sport Science*, 2018
- Schierenbeck, Thomas, et al., "Effect of Illicit Recreational Drugs Upon Sleep: Cocaine, Ecstasy and Marijuana," *Sleep Medicine Reviews*, 2008
- Schott, G. D., "Penfield's Homunculus: A Note on Cerebral Cartography," *Journal of Neurology, Neurosurgery and Psychiatry*, April 1993
- Schredl, Michael, "Characteristics and Contents of Dreams," *International Review of Neurobiology*, 2010
- Schredl, Michael, "Dreams in Patients with Sleep Disorders," *Sleep Medicine Reviews*, 2009
- Schredl, Michael, "Explaining the Gender Difference in Nightmare Frequency," *The American Journal of Psychology*, 2014
- Schredl, Michael, "Nightmares as a Paradigm for Studying the Effects of Stressors," *Sleep*, July 2013
- Schredl, Michael, "Nightmare Frequency and Nightmare Topics in a Representative German Sample," *European Archives of Psychiatry and Clinical Neuroscience*, 2010
- Schredl, Michael, "Reminiscences of Love: Former Romantic Partners in Dreams," *International Journal of Dream Research*, 2018
- Schredl, Michael, and Bulkeley, Kelly, "Dreaming and the COVID-19 Pandemic: A Survey in a U.S. Sample," *Dreaming*, 2020
- Schredl, Michael, and Erlacher, Daniel, "Fever Dreams: An Online Study," *Frontiers in Psychology,* January 28, 2020
- Schredl, Michael, and Erlacher, Daniel, "Relation between Waking Sport Activities, Reading, and Dream Content in Sport Students and Psychology Students," *The Journal of Psychology,* 2008
- Schredl, Michael, and Göritz, Anja S., "Nightmares, Chronotype, Urbanicity, and Personality: An Online Study," *Clocks & Sleep*, 2020
- Schredl, Michael, and Göritz, Anja S., "Nightmare Themes: An Online Study of Most Recent Nightmares and Childhood Nightmares," *Journal of Clinical Sleep Medicine,* March 15, 2018
- Schredl, Michael, and Mathes, Jonas, "Are Dreams of Killing Someone Related to Waking-life Aggression?" *Dreaming,* September 2014
- Schredl, Michael, and Reinhard, Iris, "Gender Differences in Nightmare Frequency: A Meta-analysis," *Sleep Medicine Reviews*, 2011
- Schredl, Michael, and Wood, Lara, "Partners and Ex-partners in Dreams: A Diary Study," *Clocks & Sleep,* May 26, 2021
- Schredl, Michael, et al., "Dream Recall, Nightmare Frequency, and Nocturnal Panic Attacks in Patients with Panic Disorder," *The Journal of Nervous and Mental Disease*, August 2001
- Schredl, Michael, et al., "Dreaming about Cats: An Online Survey," *Dreaming*, September 13, 2021
- Schredl, Michael, et al., "Erotic Dreams and Their Relationship to Waking-life Sexuality," *Sexologies*, June 24, 2008
- Schredl, Michael, et al., "Information Processing during Sleep: The Effect of Olfactory Stimuli on Dream Content and Dream Emotions," *Journal of Sleep Research*, 2009
- Schredl, Michael, et al., "Nightmare Frequency in Last Trimester of Pregnancy," *BMC Pregnancy and Childbirth*, 2016
- Schredl, Michael et al., "Work- related Dreams: An Online Survey," *Clocks & Sleep*, 2020
- Schredl, Michael, Funhouser, Arthur, and Arn, Nichole, "Dreams of Truck Drivers: A Test of the Continuity Hypothesis of Dreaming," *Imagination, Cognition and Personality*, 2005
- Schwartz, Sophie, Clerget, Alice, and Perogamvros, Lampros, "Enhancing Imagery Rehearsal Therapy for Nightmares with Targeted Memory Reactivation," *Current Biology*, 2022
- Selimbeyoglu, Aslihan, and Parvizi, Josef, "Electrical Stimulation of the Human Brain: Perceptual and Behavioral Phenomena Reported in the Old and New Literature," *Frontiers in Human Neuroscience*, May 31, 2010
- Selterman, Dylan, Apetroaia, Adela, and Waters, Everett, "Script- like Attachment Representations in Dreams Containing Current Romantic Partners," *Attachment & Human Development*, 2012
- Selterman, Dylan, et al., "Dreaming of You: Behavior and Emotion in Dreams of Significant Others Predict Subsequent Relational Behavior," *Social Psychological and Personality Science*, 2014

- Serpe, Alexis, and DeCicco, Teresa L., "An Investigation into Anxiety and Depression in Dream Imagery: The Issue of Co-morbidity," *International Journal of Dream Research*, 2020

- Serpe, Zvika, "Kurosawa's 'Dreams': A Cinematic Reflection of a Traditional Japanese Context," *Cinema Journal*, 2001

- Sharpless, Brian A., and Doghramji, Karl, "Commentary: How to Make the Ghosts in My Bedroom Disappear? Focused-attention Meditation Combined with Muscle Relaxation (MR Therapy)— A Direct Treatment Intervention for Sleep Paralysis," *Frontiers in Psychology,* April 3, 2017

- Shen, Ying, et al., "Emergence of Sexual Dreams and Emission Following Deep Transcranial Magnetic Stimulation over the Medial Prefrontal and Cingulate Cortices," *CNS & Neurological Disorders—Drug Targets*, 2021

- Siclari, Francesca, et al., "The Neural Correlates of Dreaming," *Nature Neuroscience*, April 10, 2017

- Siegel, J. M., "The REM Sleep-memory Consolidation Hypothesis," *Science,* 2001

- Sikka, Pilleriin, et al., "EEG Frontal Alpha Asymmetry and Dream Affect: Alpha Oscillations Over the Right Frontal Cortex during REM Sleep and Presleep Wakefulness Predict Anger in REM Sleep Dreams," *The Journal of Neuroscience*, June 12, 2019

- Simard, Valérie, et al., "Longitudinal Study of Bad Dreams in Preschool-aged Children: Prevalence, Demographic Correlates, Risk and Protective Factors," *Sleep*, 2008

- Simor, Péter, et al., "Electroencephalographic and Autonomic Alterations in Subjects with Frequent Nightmares during Pre-and Post-REM Periods," *Brain and Cognition*, 2014

- Simor, Péter, et al., "Impaired Executive Functions in Subjects with Frequent Nightmares as Reflected by Performance in Different Neuropsychological Tasks," *Brain and Cognition*, 2012

- Singh, Arun, et al., "Evoked Midfrontal Activity Predicts Cognitive Dysfunction in Parkinson's Disease," *MedRxIV*, 2022

- Singh, Shantanu, et al., "Parasomnias: A Comprehensive Review," *Cureus*, December 31, 2018

- Smallwood, Jonathan, and Schooler, Jonathan W., "The Science of Mind Wandering: Empirically Navigating the Stream of Consciousness," *Annual Review of Psychology,* 2015

- Smith, Carlyle, and Newfield, Donna-Marie, "Content Analysis of the Dreams of a Medical Intuitive," *Explore*, 2022

- Smith, R. C., "A Possible Biologic Role of Dreaming," *Psychotherapy and Psychosomatics,* 1984

- Smith, R. C., "Do Dreams Reflect a Biological State?" *The Journal of Nervous and Mental Disease*, 1987

- Solms, Mark, "Dreaming and REM Sleep Are Controlled by Different Brain Mechanisms," *Behavioral and Brain Sciences*, 2000

- Solomonova, Elizaveta, et al., "Stuck in a Lockdown: Dreams, Bad Dreams, Nightmares, and Their Relationship to Stress, Depression and Anxiety during the COVID-19 Pandemic," *PLOS One*, November 24, 2021

- Song, Tian-He, et al., "Nightmare Distress as a Risk Factor for Suicide among Adolescents with Major Depressive Disorder," *Nature and Science of Sleep*, September 2022

- Spano, Goffredina, et al., "Dreaming with Hippocampal Damage," *eLife*, 2020

- Sparrow, Gregory, et al., "Exploring the Effects of Galantamine Paired with Meditation and Dream Reliving on Recalled Dreams: Toward an Integrated Protocol for Lucid Dream Induction and Nightmare Resolution," *Consciousness and Cognition*, 2018

- Speth, Jana, Frenzel, Clemens, and Voss, Ursula, "A Differentiating Empirical Linguistic Analysis of Dreamer Activity in Reports of EEG-controlled REM-dreams and Hypnagogic Hallucinations," *Consciousness and Cognition*, 2013

- Spoormaker, Victor I., "A Cognitive Model of Recurrent Nightmares," *International Journal of Dream Research*, 2008

- Spoormaker, Victor I., and van den Bout, Jan, "Lucid Dreaming Treatment for Nightmares: A Pilot Study," *Psychotherapy and Psychosomatics*, 2006

- Spoormaker, Victor I., Schredl, Michael, and van den Bout, Jan, "Nightmares: From Anxiety Symptom to Sleep Disorder," *Sleep Medicine Reviews*, 2006

- Spoormaker, Victor I., van den Bout, Jan, and Meijer, Eli J. G., "Lucid Dreaming Treatment for Nightmares: A Series of Cases," *Dreaming*, 2003

- Sridharan, Devarajan, Levitin, Daniel J., and Menon, Vinod, "A Critical Role for the Right Fronto-insular Cortex in Switching between Central-executive and Default-mode Networks," *Proceedings of the National Academy of Sciences*, August 26, 2008

- Stallman, Helen M., Kohler, Mark, and White, Jason, "Medication Induced Sleepwalking: A Systematic Review," *Sleep Medicine Reviews*, 2018
- Staunton, Hugh, "The Function of Dreaming," Reviews in the Neurosciences, 2001
- Sterpenich, Virginie, et al., "Fear in Dreams and in Wakefulness: Evidence for Day/Night Affective Homeostasis," *Human Brain Mapping*, 2020
- Stickgold, Robert, Zadra, Antonio, and Haar, AJH, "Advertising in Dreams Is Coming: Now What?" *DxE*, June 8, 2021
- Stocks, Abigail, et al., "Dream Lucidity Is Associated with Positive Waking Mood," *Consciousness and Cognition*, 2020
- Stuck, B. A., et al., "Chemosensory Stimulation during Sleep—Arousal Responses to Gustatory Stimulation," *Neuroscience*, 2016
- Stumbrys, Tadas, "The Luminous Night of the Soul: The Relationship between Lucid Dreaming and Spirituality," *International Journal of Transpersonal Studies*, 2021
- Stumbrys, Tadas, and Daniels, Michael, "An Exploratory Study of Creative Problem Solving in Lucid Dreams: Preliminary Findings and Methodological Considerations," *International Journal of Dream Research*, 2010
- Stumbrys, Tadas, and Erlacher, Daniel, "Applications of Lucid Dreams and Their Effects on the Mood Upon Awakening," *International Journal of Dream Research*, 2016
- Stumbrys, Tadas, Erlacher, Daniel, and Schredl, Michael, "Effectiveness of Motor Practice in Lucid Dreams: A Comparison with Physical and Mental Practice," *Journal of Sports Sciences*, 2016
- Stumbrys, Tadas, Erlacher, Daniel, and Schredl, Michael, "Testing the Involvement of the Prefrontal Cortex in Lucid Dreaming: A tDCS Study," *Consciousness and Cognition*, 2013
- Stumbrys, Tadas, et al., "Induction of Lucid Dreams: A Systematic Review of Evidence," *Consciousness and Cognition*, 2012
- Stumbrys, Tadas, et al., "The Phenomenology of Lucid Dreaming: An Online Survey," *The American Journal of Psychology*, Summer 2014
- Suarez, Ralph O., et al., "Contributions to Singing Ability by the Posterior Portion of the Superior Temporal Gyrus of the Non-languagedominant Hemisphere: First Evidence from Subdural Cortical Stimulation, Wada Testing, and fMRI," *Cortex*, 2010
- Szabadi, Elemer, Reading, Paul James, and Pandi-Perumal, Seithikurippu R., "Editorial: The Neuropsychiatry of Dreaming: Brain Mechanisms and Clinical Presentations," *Frontiers in Neurology*, March 25, 2021
- Szczepanski, Sara, and Knight, Robert, "Insights into Human Behavior from Lesions to the Prefrontal Cortex," *Neuron*, September 3, 2014
- Tallon, Kathleen, et al., "Mental Imagery in Generalized Anxiety Disorder: A Comparison with Healthy Control Participants," *Behaviour Research and Therapy*, 2020
- Tan, Shuyue, and Fan, Jialin, "A Systematic Review of New Empirical Data on Lucid Dream Induction Techniques," *Journal of Sleep Research*, November 21, 2022
- Titus, Caitlin E., et al., "What Role Do Nightmares Play in Suicide? A Brief Exploration," *Current Opinion in Psychology*, 2018
- Torontali, Zoltan A., et al., "The Sublaterodorsal Tegmental Nucleus Functions to Couple Brain State and Motor Activity during REM Sleep and Wakefulness," *Current Biology*, November 18, 2019
- Tribl, Gotthard G., et al., "Dream Reflecting Cultural Contexts: Comparing Brazilian and German Diary Dreams and Most Recent Dreams," *International Journal of Dream Research*, 2018
- Tribl, Gotthard G., Wetter, Thomas C., and Schredl, Michael, "Dreaming Under Antidepressants: A Systematic Review on Evidence in Depressive Patients and Healthy Volunteers," *Sleep Medicine Reviews*, 2013
- Trottia, Lynn Marie, et al., "Cerebrospinal Fluid Hypocretin and Nightmares in Dementia Syndromes," *Dementia and Geriatric Cognitive Disorders Extra*, 2021
- Tselebis, Athanasios, Zoumakis, Emmanouil, and Ilias, Ioannis, "Dream Recall/Affect and the Hypothalamic–Pituitary–Adrenal Axis," *Clocks & Sleep*, July 22, 2021
- Uguccioni, Ginevra, et al., "Fight or Flight? Dream Content during Sleepwalking/Sleep Terrors vs Rapid Eye Movement Sleep Behavior Disorder," *Sleep Medicine*, 2013
- Uitermarkt, Brandt, et al., "Rapid Eye Movement Sleep Patterns of Brain Activation and Deactivation Occur within Unique Functional Networks," *Human Brain Mapping*, June 23, 2020

- Ünal, Gülten, and Hohenberger, Annette, "The Cognitive Bases of the Development of Past and Future Episodic Cognition in Preschoolers," *Journal of Experimental Child Psychology*, June 20, 2017

- Vaca, Guadalupe Fernández-Baca, et al., "Mirth and Laughter Elicited during Brain Stimulation," *Epileptic Disorders*, 2011

- Vaillancourt-Morel, Marie-Pier, et al., "Targets of Erotic Dreams and Their Associations with Waking Couple and Sexual Life," *Dreaming*, 2021

- Vallat, Raphael, et al., "High Dream Recall Frequency Is Associated with Increased Creativity and Default Mode Network Connectivity," *Nature and Science of Sleep*, February 22, 2022

- Valli, Katja and Revonsuo, Antti, "The Threat Simulation Theory in Light of Recent Empirical Evidence: A Review," *The American Journal of Psychology,* 2009

- Valli, Katja, et al., "Dreaming Furiously? A Sleep Laboratory Study on the Dream Content of People with Parkinson's Disease and with or without Rapid Eye Movement Sleep Behavior Disorder," *Sleep Medicine*, 2015

- Valli, Katja, et al., "The Threat Simulation Theory of the Evolutionary Function of Dreaming: Evidence from Dreams of Traumatized Children," *Consciousness and Cognition*, 2005

- van Gaal, Simon, et al., "Unconscious Activation of the Prefrontal No-go Network," *The Journal of Neuroscience*, March 17, 2010

- van Liempt, Saskia, et al., "Impact of Impaired Sleep on the Development of PTSD Symptoms in Combat Veterans: A Prospective Longitudinal Cohort Study," *Depression and Anxiety*, 2013

- van Rijn, Elaine, et al., "Daydreams Incorporate Recent Waking Life Concerns but Do Not Show Delayed ('Dream-lag') Incorporations," *Consciousness and Cognition*, 2018

- van Rijn, Elaine, et al., "The Dream-lag Effect: Selective Processing of Personally Significant Events during Rapid Eye Movement Sleep, but Not during Slow Wave Sleep," *Neurobiology of Learning and Memory*, 2015

- Versace, Francesco, et al., "Brain Responses to Erotic and Other Emotional Stimuli in Breast Cancer Survivors with and without Distress about Low Sexual Desire: A Preliminary fMRI Study," *Brain Imaging and Behavior*, December 2013

- Vetrugno, Roberto, Arnulf, Isabelle, and Montagna, Pasquale, "Disappearance of 'Phantom Limb' and Amputated Arm Usage during Dreaming in REM Sleep Behaviour Disorder," *British Medical Journal Case Reports*, 2009

- Vicente, Raul, et al., "Enhanced Interplay of Neuronal Coherence and Coupling in the Dying Human Brain," *Frontiers in Aging Neuroscience*, February 22, 2022

- Vignal, Jean-Pierre, et al., "The Dreamy State: Hallucinations of Autobiographic Memory Evoked by Temporal Lobe Stimulations and Seizures," *Brain*, 2007

- Vitali, Helene, et al., "The Vision of Dreams: From Ontogeny to Dream Engineering in Blindness," *Journal of Clinical Sleep Medicine*, August 1, 2022

- Voss, Ursula, et al., "Induction of Self Awareness in Dreams Through Frontal Low Current Stimulation of Gamma Activity," *Nature Neuroscience*, 2014

- Voss, Ursula, et al., "Lucid Dreaming: A State of Consciousness with Features of Both Waking and Non-lucid Dreaming," *Sleep*, 2009

- Voss, Ursula, et al., "Waking and Dreaming: Related but Structurally Independent. Dream Reports of Congenitally Paraplegic and Deaf–Mute Persons," *Consciousness and Cognition*, 2011

- Walker, Matthew P., "Sleep-dependent Memory Processing," *Harvard Review of Psychiatry*, 2008

- Wamsley, Erin, "Dreaming and Offline Memory Consolidation," *Current Neurology and Neuroscience Reports*, 2014

- Wamsley, Erin, et al., "Delusional Confusion of Dreaming and Reality in Narcolepsy," *Sleep*, February 2014

- Wang, Jia Xi, et al., "A Paradigm for Matching Waking Events into Dream Reports," *Frontiers in Psychology*, July 3, 2020

- Wang, Jia Xi, and Shen, He Yong, "An Attempt at Matching Waking Events into Dream Reports by Independent Judges," *Frontiers in Psychology*, April 6, 2018

- Ward, Amanda M., "A Critical Evaluation of the Validity of Episodic Future Thinking: A Clinical Neuropsychology Perspective," *Neuropsychology*, 2016

- Wassing, Rick, et al., "Restless REM Sleep Impedes Overnight Amygdala Adaptation," *Current Biology*, 2019

- Watanabe, Takamitsu, "Causal Roles of Prefrontal Cortex during Spontaneous Perceptual Switching Are Determined by Brain State Dynamics," *eLife*, 2021

- Waters, Flavie, Barnby, Joseph M., and Blom, Jan Dirk, "Hallucination, Imagery, Dreaming: Reassembling Stimulus-independent Perceptions Based on Edmund Parish's Classic Misperception Framework," *Philosophical Transactions of the Royal Society*, 2020
- Waters, Flavie, et al., "What Is the Link between Hallucinations, Dreams, and Hypnagogic–Hypnopompic Experiences?" *Schizophrenia Bulletin*, 2016
- Watkins, Nicholas W., "(A)phantasia and Severely Deficient Autobiographical Memory: Scientific and Personal Perspectives," *Cortex*, 2018
- Wicken, Marcus, Keogh, Rebecca, and Pearson, Joel, "The Critical Role of Mental Imagery in Human Emotion: Insights from Fear-based Imagery and Aphantasia," *Proceedings of the Royal Society B*, 2021
- Windt, Jennifer M., and Noreika, Valdas, "How to Integrate Dreaming into a General Theory of Consciousness—A Critical Review of Existing Positions and Suggestions for Future Research," *Consciousness and Cognition*, 2011
- Winlove, Crawford I. P., et al., "The Neural Correlates of Visual Imagery: A Co-ordinate-based Meta-analysis," *Cortex*, 2018
- Wittmann, Lutz, Schredl, Michael, and Kramer, Milton, "Dreaming in Posttraumatic Stress Disorder: A Critical Review of Phenomenology, Psychophysiology and Treatment," *Psychotherapy and Psychosomatics*, 2007
- Wright, Scott T., et al., "The Impact of Dreams of the Deceased on Bereavement: A Survey of Hospice Caregivers," *American Journal of Hospice and Palliative Medicine*, 2014
- Wyatt, Richard J., et al., "Total Prolonged Drug-induced REM Sleep Suppression in Anxious-depressed Patients," *Archives of General Psychiatry*, 1971
- Yamaoka, Akina, and Yukawa, Shintaro, "Does Mind Wandering during the Thought Incubation Period Improve Creativity and Worsen Mood?" *Psychological Reports*, October 2020
- Yamazaki, Risa, et al., "Evolutionary Origin of NREM and REM Sleep," *Frontiers in Psychology*, 2020
- Yin, F., et al., "Typical Dreams of 'Being Chased': A Cross-cultural Comparison between Tibetan and Han Chinese Dreamers," *Dreaming*, 2013
- Yu, Calvin Kai-Ching, "Can Students' Dream Experiences Reflect Their Performance in Public Examinations?" *International Journal of Dream Research*, 2016
- Yu, Calvin Kai-Ching, "Imperial Dreams and Oneiromancy in Ancient China—We Share Similar Dream Motifs with Our Ancestors Living Two Millennia Ago," *Dreaming*, 2022
- Yu, Calvin Kai-Ching, and Fu, Wai, "Sex Dreams, Wet Dreams, and Nocturnal Emissions," *Dreaming*, 2011
- Zadra, Antonio, Pilon, Mathieu, and Donderi, Don C., "Variety and Intensity of Emotions in Nightmares and Bad Dreams," *The Journal of Nervous and Mental Disease*, April 2006
- Zeman, Adam, et al., "Phantasia— The Psychological Significance of Lifelong Visual Imagery Vividness Extremes," *Cortex*, 2020
- Zeman, Adam, MacKisack, Matthew, and Onians, John, "The Eye's Mind—Visual Imagination, Neuroscience and the Humanities," *Cortex*, 2018
- Zink, Nicolas, and Pietrowsky, Reinhard, "Relationship between Lucid Dreaming, Creativity and Dream Characteristics," *International Journal of Dream Research*, 2013

我們為何會做夢

睡夢中的大腦如何激發創造力，以及更好地改善清醒時的生活

This Is Why You Dream : What Your Sleeping Brain Reveals About Your Waking Life

作　　者｜拉胡爾・詹迪爾 Rahul Jandial
譯　　者｜張嘉倫

責任編輯｜黃莀莙 Bess Huang
責任行銷｜朱韻淑 Vina Ju
封面裝幀｜高郁雯 Aillia Kao
版面構成｜黃靖芳 Jing Huang
校　　對｜許芳菁 Carolyn Hsu

發 行 人｜林隆奮 Frank Lin
社　　長｜蘇國林 Green Su

總 編 輯｜葉怡慧 Carol Yeh
主　　編｜鄭世佳 Josephine Cheng
行銷經理｜朱韻淑 Vina Ju
業務處長｜吳宗庭 Tim Wu
業務專員｜鍾依娟 Irina Chung
業務秘書｜陳曉琪 Angel Chen
　　　　　莊皓雯 Gia Chuang

發行公司｜悅知文化　精誠資訊股份有限公司
地　　址｜105臺北市松山區復興北路99號12樓
專　　線｜(02) 2719-8811
傳　　真｜(02) 2719-7980
網　　址｜http://www.delightpress.com.tw
客服信箱｜cs@delightpress.com.tw
I S B N｜978-626-7537-24-4
初版一刷｜2024年11月
建議售價｜新臺幣460元

國家圖書館出版品預行編目資料

我們為何會做夢/拉胡爾.詹迪爾(Rahul Jandial)作；張嘉
倫譯. -- 初版. -- 臺北市：悅知文化精誠資訊股份有限公
司, 2024.11
240面；17×23公分
譯自：This is why you dream.
ISBN 978-626-7537-24-4(平裝)

175.1　　　　　　　　　　　　　　　113013574

建議分類｜自然科普、大腦科學

本書若有缺頁、破損或裝訂錯誤，請寄回更換
Printed in Taiwan

夢中的創造力和適應能力
是我們與生俱來、
內建於大腦運作系統的
一種天賦。

―――――《我們為何會做夢》

請拿出手機掃描以下QRcode或輸入
以下網址，即可連結讀者問卷。
關於這本書的任何閱讀心得或建議，
歡迎與我們分享 ☺

https://bit.ly/3ioQ55B